주거복지 해외 탐방

주거복지 해외 탐방

권성문, 권영선, 김성훈, 박천규, 봉인식,
서종균, 이윤상, 전성제 공저

사단법인 Korea Housing Welfare Forum
한국주거복지포럼

씨아이알

발간사

강한 한파가 우리나라를 덮을 것이란 소식이 방송매체를 통해 흘러나오고, 두툼하게 차려입은 옷차림의 시민들은 몸을 움츠리며 발걸음을 재촉하는 이맘때쯤이면 "경제적으로 조금 더 부족한 사람들이 힘들어지는 계절이 되었구나." 하는 생각을 해봅니다. 겨울 추위야 이전이라고 없었겠습니까? 어려웠던 시절, 연탄을 사 재놓고, 김장으로 한철을 지낼 밑반찬을 준비하시는 어머니의 분주한 손길에서 우리는 겨울 강추위 정도야 거뜬히 뛰어넘을 수 있을 것 같은 든든함을 느끼곤 했습니다. 뭔가 믿을 구석이 있는 마음을 가진 그런 겨울의 풍경을 말입니다.

우리 사회의 저소득층과 청년·대학생 등 사회적 약자에 대한 관심이 부쩍 증대하고 있습니다. 포용적 복지국가 실현을 위한 정부의 노력이 복지재정 확충으로도 이어지고 있습니다. 그 결과, 주거복지 분야에서는 주거급여 부양의무자 기준 폐지, 공적주택 100만 호 공급, 청년·대학생 주택 공급, 맞춤형 주거복지 사회를 구현하기 위한 주거복지센터 확충이 이루어지고 있습니다. 그런데 문득 '많은 주택이 공급되고 돈을 지원하는 정책이 이루어진다고 포용적 주거복지가 실현될 수 있을까? 우리는 눈부신 경제 발전으로 오늘의 풍요를 경험하고 있지만, 우리의 정신과 공동체는 예전보다 더 포용적이라고 자신에 차 말할 수 있을까?'라는 의문이 들었습니다.

우리가 조금 더 포용적인 사회, 조금 더 포용적인 복지국가로 나가기 위해서는 그 속에 속한 구성원이 포용적이어야 할 것입니다. 자기 주변에 들어오는 시설 하나하나에 집값이 떨어질까 전전긍긍하는 모습에서 포용을 찾을 수는 없습니다. 사회취약계층과 청년 홈리스, 공동체 거주민의 관계 개선을 위한 포용적 주거복지는 일본의 '노후 주택 단지 재생' 사례와 영국의 '피바디 그룹', '포이어 모델'에서 확인할 수 있습니다. 입주를 기다리는 공적임대주택은 서민들의 수요만큼 공급이 따르지 못해 애를 먹고 있는 대표적 사례 중 하나입니다. 프랑스와 핀란드의 '사회주택 공급 정책' 사례와 미국의 '저소득층 세금공제 제도', '임대 지원 프로그램'의 사례는 저소득층을 위한 효과적인 임대주택정책을 위한 시사점을 제시하고 있습니다. 서울과 대도시로 모여드는 대학생과 청년에게 어떻게 주택을 적절히 공급할까에 대한 답도 영국의 '유니폴' 사례에서 찾을 수 있습니다.

우리의 많은 노력에도 여전한 주거복지 사각지대의 문제를 일거에 해소할 수는 없지만, 그들이 무엇을 필요로 하는지는 알 수 있습니다. 이 책은 서민들이 필요로 하는 주거복지를 실무나 정책적으로 어떻게 풀어갈 것인지에 대한 해답을 주는 첫걸음이 되어 줄 것입니다.

이 책이 출판되기까지 물심양면으로 많은 애를 써주신 분들께 감사드리고 싶습니다. 8편의 좋은 주거복지 사례를 소개해주신 집

필자 분들, 한국 주거복지포럼 사무국의 조명현 사무총장님, 우승진 사무국장님, 윤영호 위원장님과 이수욱 위원장님께 감사의 말씀을 드립니다. 그리고 좋은 책이 출판될 수 있도록 아낌없는 조언과 지원을 해주신 도서출판 씨아이알의 김성배 사장님과 박영지 편집장님께도 지면을 빌려 감사하다는 말씀드립니다.

책을 출간하면서 우리의 고사성어 "첫술에 배부르랴."와 "천 리 길도 한 걸음부터."를 되새기게 됩니다. 창립 당시의 우리의 이상과 신념, '처음처럼'의 마음가짐을 지키고자 한국주거복지포럼이 첫 총서로 발간하는 『주거복지 해외탐방』이 주거복지에 대한 더 많은 정보를 원하시는 분들께 도움이 되는, 한겨울 추위로 얼어붙은 몸을 녹여줄 수 있는 따뜻한 한 권의 책이 되었으면 합니다.

감사합니다.

2018년 12월의 겨울풍경을 생각하며

박환용 한국주거복지포럼 상임대표

CONTENTS

사회취약계층 주거 지원을 위한
영국 피바디 그룹의 역할

사회취약계층 주거 지원을 위한 영국 피바디 그룹의 역할

1. 피바디의 설립과 구조

1862년 George Peabody가 "가난하고 가난한 사람들의 상태를 개선하고 그들의 행복을 증진시킨다ameliorate the condition of the poor and needy of this great metropolis and to promote their comfort and happiness."라는 비전을 가지고 피바디 그룹을 설립하였다. 피바디 그룹은 런던에서 사회취약계층 주거 지원을 위해 150여 년간 활동해왔으며, 2017년에 CBHA를 통합한 이래 Family Mosaic Housing, Gallions Housing Association과 조직을 통합하였다.

피바디 그룹의 미션은 '양질의 주택 공급, 커뮤니티 활성화, 삶의 질 개선to help people make the most of their lives by providing good quality homes, working with communities and promoting wellbeing'이다. 피바디 그룹의 구조를 간단하게 표현하면 주택 공급 및 관리와 관련된 자회사, Peabody Community Foundation, Peabody South East Limited로 압

축된다. 또한 그룹 내에 총 6개의 위원회가 존재하며, 이는 Development Committee, Finance and Treasury Committee, Audit and Risk Committee, Nominations and Remuneration Committee, Thamesmead Committee, Communities Committee이다.

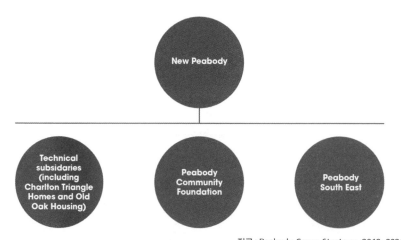

자료 : Peabody Group Strategy, 2018~2021

그림 1 피바디 그룹의 구조

2017년 현재 피바디는 약 5.5만 호의 주택을 제공하고 있다. 이 중약 96%는 런던 권역에 위치하고 있다. Hackney에 6,900호, Islington 에 5,500호, Greenwich에 4,800호, Southwark에 4,000호가 위치하며, 런던 밖에는 Essex에 1,800호, 이 밖에 Sussex, Hampshire, Kent 에 일부 존재한다.

피바디는 취약계층을 돕고, 건강한 커뮤니티 조성에 힘쓰고 있으며, 매년 약 5.6백만 파운드를 커뮤니티 지원 사업에 투자하고 있다. 거주민들의 편의시설amenities, 고용employment, 교육훈련training

등에 대한 접근성을 높이기 위해 노력하고 있으며, 매년 1,125명에게 일자리 알선과 약 1,500여명의 젊은 층에게 피바디의 교육훈련 프로그램을 제공하고 있다.

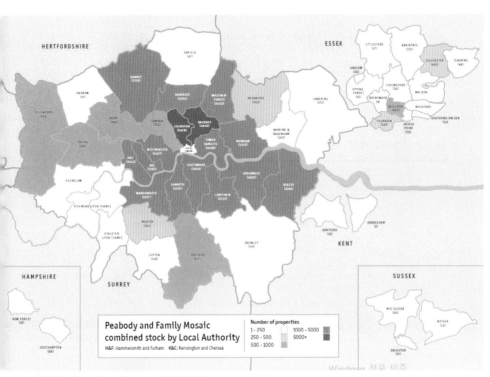

자료 : Peabody Group Strategy, 2017~2020

그림 2 피바디 주택의 분포

2. 피바디의 분야별 주요 사업

1) Resident service

거주민에게 제공하는 주거 서비스 영역에 대해 살펴보면 다음과 같다. 이는 주택 수리, 임대료 지원 및 관련 컨설팅, 안전 및 갈등 중재 서비스 등으로 구분할 수 있으며, 먼저 주택 수리 부문에 대해 살펴보면 다음과 같다.

표 1 집 수리 책임영역(repair responsibilities)

구분	수리 사항
Tenant repair responsibilities	• blockages to a sink, toilet or bath, even if it is accidental • providing extra locks • repairing or replacing locks because of action by you, your family or visitors. This includes repairs or replacements because keys have been lost or stolen • any damage caused by the tenant, their family or visitors • fitting door bells • plumbing or repairs to equipment such as washing machines and dishwashers • adapting inside doors to fit carpets • fitting draught excluders • replacing light bulbs, fluorescent strips and starters • fitting of toilet seats
Leaseholder repairs	• The structure of the building(roof repairs, rainwater pipes and gutters, external drains, damp-proofing works, brickwork, floor joists) • Communal systems(door entry systems, district heating, communal TV aerials)
Emergency	• total loss of electricity or mains water • no heating or hot water • backflow from a main drain • a blocked toilet if it is the only one in the property(charge) • burst plumbing, if the flooding cannot be stopped by turning off the water • boarding up unsafe doors and windows

자료 : 피바디 홈페이지의 내용을 저자가 재구성(접속일자 : 2018.6.20.)

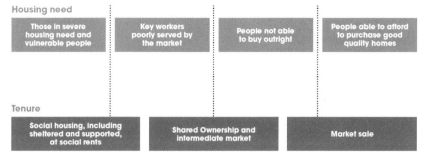

자료 : Peabody Group Strategy, 2018~2021

그림 3 피바디 주택의 점유 형태 구분

피바디는 입주민의 주택 수리를 돕기 위해 콜센터를 운영하고 있으며, 입주민은 유선 등을 통해 집 수리를 의뢰하게 된다. 가이드라인을 통해 입주민이 수리를 담당하는 부분과 집주인으로서 피바디가 담당해야 하는 영역을 구분하고 있으며, 긴급성을 요하는 수리 사항에 대해서는 24시간 내 지원을 하고 있다. 긴급성을 요하는 부분은 집 전체 정전, 난방 및 급탕 고장, 주 배수구 역류, 배관 파열, 안전하지 않은 문과 창 등을 포함한다.

일반적으로 피바디 주택의 임대료는 시장 가격open market으로 책정되나 교사, 소방관, 경찰 등 공공 분야에서 일하는 키워커key workers에게는 시장 가격의 80% intermediate market rent, 저소득층에게는 69% social housing까지 주거비용이 할인된다.[1] 임대료는 인터넷, 모바일앱, 우체국을 통해 체크카드, 신용카드 등을 이용하여 지불이 가능하다.

....

1   국토연구원(2016), 런던 저소득층 주거 안정을 위한 Peabody Trust의 활동, e-INTERVIEW
     (조요섭, 인터뷰: 양도식), 월간국토.

또한 The Welfare Benefits and Money Advice team은 거주민에게 복지혜택과 자금조달 등에 관한 정보를 제공하고 있다.

표 2 The Welfare Benefits and Money Advice team의 자문 영역

구분	자문 영역
The Welfare Benefits and Money Advice team	• Housing Benefit and Council Tax • Job Seeker's Allowance and Employment and Support Allowance applications and decisions • Personal Independence Payments(PIP) and Disability Living Allowance(DLA) • Working and Child Tax Credits • Benefit appeals and tribunals • Spare Room Subsidy(bedroom tax) • Benefit cap • Discretionary Housing Payments(DHP) • Universal Credit • Social Fund applications • Debt advice

자료 : 피바디 홈페이지의 내용을 저자가 재구성(접속일자 : 2018.6.20.)

이 팀의 전문가들은 복지와 관련된 법을 충분히 숙지하고 있고 이를 바탕으로 입주민이 처한 상황에 맞게 관련 복지혜택이 이용 가능한지 등에 대해 자문을 해주고 있다. 해당 팀에서 복지 혜택과 도움을 주는 사항들은 주택수당, Council Tax, 구직수당, 자립 급여 및 장애수당, 근로 및 자녀 세액공제, 관련 혜택의 상한 등이며, 채무와 관련된 상담까지 매우 폭넓다. 이 밖에 피바디는 홈페이지를 통해 주택과 관련된 저렴한 보험, 관련 복지정책의 변경 내용, Food Bank 등 다양한 정보를 제공하고 있다.

주거 서비스 지원과 관련하여 특징적인 점은 안전과 관련된 여러 서비스를 제공하고 있다는 점이다. 즉, 피바디는 반사회적 행동 antisocial behavior, 가정 폭력 domestic abuse 등 가정 내 또는 이웃 간 발

생 가능한 갈등과 각종 범죄를 예방하고 해결하는 서비스를 제공한다. 홈페이지 등을 통해 상기와 같은 상황에서 입주민이 취할 수 있는 가이드라인을 제시하고, 문제 발생 시 고객 서비스팀Customer Service Team 또는 지역 매니저Neighbourhood Manager에게 전달되어 해당 문제가 해소될 수 있도록 지원하고 있다.

피바디의 Community Safety and Support team 내에 일종의 치안 관리인warden을 두어 지역 매니저와 함께 커뮤니티 안전과 반사회적 행위, 범죄, 전대차 등 중요한 지역 이슈를 다루고 있다. 치안 관리인은 피바디 내부, 경찰 등에서 수집하여 제공한 자료에 기반을 두어 지역을 순찰하는 한편, 전문 증인으로서 여러 증거를 수집하고, 사건 발생 시에 법정증인으로 참석하기도 한다. 치안 관리인을 통해 해당 지역의 범죄율을 줄이고, 그래피티, 쓰레기, 방치차량 문제 등을 확인하고 관리함으로써 거주민의 재산과 주거환경을 개선하는 데 기여하고 있다. 그리고 피바디는 거주민이 불가피한 사정으로 법정에 설 때 Witness Support Promise을 통해 거주민이 편안한 상태에서 해당 사안을 처리할 수 있도록 지원하는 서비스도 제공하고 있다.

피바디는 효과적으로 이웃과의 갈등요소를 해결하기 위해 갈등 중재 서비스mediation service를 운영하고 있는데 이를 위해 The Peabody mediation team을 두고 있다. 비공개를 원칙으로 갈등 조정이 이루어지며, 최대 80% 사례에서 신속하게 구속력 있는 해결a fast and binding solution까지 이어지는 것으로 보고되고 있다. 구체적인 절차를 설명하면, 입주자가 지역 매니저에게 연락을 하고, 피바디 중재팀을 소개받아 head office에서 입주민, 이웃 당사자, 두 명의 조정 전문가[2]가 참여하는 중재 회의mediation meeting를 하게 된다. 중재 회의는 다음과 같은 원칙하에 이루어진다. 이는 첫째, 'In control', 즉 이 조정 과정에서 참여하는 모든 사람들이 해결책에 동의해야 한다. 둘째, 'Voluntary', 언제든지 자발적으로 조정 과정에서 탈퇴할 수 있고, 모든 사람의 동의 없이는 조정이 이루어지지 않는다. 셋째, 'Fast', 합의는 대개 첫 번째 회의에서 이룬다. 셋째, 'Neutral', 중재자는 중립적이며, 누구의 편도 들지 않는다. 넷째, 'Confidentiality', 모든 세션은 비공개로 진행되며 제공되는 모든 정보는 기밀사항으로 엄격히 관리한다. 마지막으로 'Long-lasting', 분쟁이 해결되면 그 효력은 지속된다. 중재가 이루어지는 사항들은 loud music, noise, pets, boundary disputes, overgrown gardens / trees 등을 포함한다.

이웃 간의 갈등 중재 사례

A와 B는 피바디 주택에서 서로 이웃으로 살고 있다. A는 스테레오를 가지고 있고 때때로 오후 11시 이후에 높은 볼륨으로 음악을 들었다. B는 그의 음악을 듣고 B가 음악의 볼륨을 낮추기를 바라며 벽을 두드렸다.
이러한 상황은 B가 A의 지역 매니저와 연락하고 중재를 요청하기로 결정할 때까지 몇 주 동안 지속되었다. A는 이러한 상황에 대해 이웃인 B와 의논하고 싶었다. A와 B는 두 명의 중재자와 회의하기로 동의했다. A와 B는 음악, 벽을 두드리는 소리 등에 대해 어떻게 느끼는지에 대해 토론했으며, 회의 후에 다음과 같이 합의하였다.
• B는 오후 11시 이후에는 큰 소리로 연주하지 않는다.
• B가 시끄러운 음악을 틀고 있다면 A가 벽을 치지 않는다. 대신 A는 B에게 음악 소리를 낮춰 달라는 정중한 문자 메시지를 보낸다.
• 향후 서로의 다른 행동에 대해서도 불만이 생길 경우, 자신들의 견해를 전달하는 정중한 문자 메시지를 보낸다.
자료 : https://www.peabody.org.uk(접속일자 : 2018.6.19.)

....

2   조정 전문가(specialist mediators)는 UK Medication(https://www.ukmediation.net)을 통해 훈련받는다.

2) Neighbourhoods & Community programs

피바디는 거주민을 위해 다양한 커뮤니티 프로그램을 운영하고 있는데, 이를 수행할 수 있는 기반은 런던 전역에 피바디 커뮤니티 센터, 피바디 직원과 다양한 경력을 가진 자원봉사자의 활동, 도네이션을 통한 자금조달 및 피바디의 자금지원이다.

피바디 커뮤니티 센터는 피바디 거주민과 지역 주민 모두에게 개방하고, 여기에서 다양한 수업과 회의에 이르기까지 다양한 활동과 행사를 주최하고 있으며, 커뮤니티 시설 내 공간을 임대하기도 하는데, 이때 얻은 수익은 커뮤니티 센터와 각종 프로그램을 운영하는 비용으로 활용된다. 한편 커뮤니티 프로그램을 운영하는 데 자원봉사자의 역할이 매우 중요한데, 자원봉사자는 일련의 심사과정을 거친 후 다양한 커뮤니티 활동에 참여할 수 있다. 자원봉사의 경험은 향후 다른 직업을 찾는 데 도움을 주는 추천서와 경력으로 활용되는 순환구조를 갖고 있는 것이 특징이다.

그리고 커뮤니티 프로그램은 거주민들이 사회의 일원으로서 건강하고 건전하게 사회활동을 영위할 수 있도록 유도하고 있으며, 이는 크게 고용 및 교육훈련 프로그램, 고령층을 위한 프로그램, 아동·청소년 및 젊은 층을 위한 프로그램으로 구분된다.

먼저 고용 및 교육훈련과 관련된 프로그램에 대해 살펴보면 다음과 같다. 피바디의 Employment and Training Team은 매월 30명 이상의 실업자에게 도움을 주고 있다. 런던에서 직장을 구하고자 하는 거주민은 무료로 일대일 상담을 받고, 관련 지원 프로그램을 제공받게 된다. 여기에는 컴퓨터를 이용한 직장 서치, 관련 교육 훈련 등록, 그룹별 및 개인별 직업 검색 수업과정, 맞춤형 CV 생성을 위한 지원, 레터 및 지원서 작성, 인터뷰 준비 및 기술 지원, 경력관리 및 추가 교육과 관련된 조언 및 지침 등을 포함한다.

피바디는 고용 및 교육훈련의 일환으로 견습생Peabody apprenticeships 프로그램을 운영하고 있다. 이는 실업자에게 다양한 견습 기회를 통해 개인 능력의 잠재력을 개발할 수 있도록 지원하는 프로그램이다. Apprenticeships team은 Peabody 고객, 내부 부서, 계약 업체 및 외부 파트너와 협력하여 맞춤식으로 필요한 인력을 채용할 수 있도록 유도한다. 이러한 견습생 프로그램은 피바디 주택 거주민뿐만 아니라 런던에 거주하고 있는 모든 실업자도 지원이 가능하다.

이와 더불어 피바디는 IT 훈련과정을 무료로 운영하고 있다. 런던 전역의 커뮤니티 센터에서 무료 컴퓨터 교육과 인터넷 수업을 제공하고 있다. 자원봉사자가 일대일 수업을 통해 인터넷 관련 기술을 향상시킬 수 있도록 도움을 준다. 이를 통해 소셜 미디어, 메일, 정보검색 등의 관련 일상적인 인터넷 이용 방법뿐만 아니라 공공 서비스(예: NHS 및 HMRC)를 효과적으로 이용할 수 있도록 도움을 주고 있다.

고령층을 위해서도 다양한 커뮤니티 프로그램을 운영하고 있다. 60세 이상의 피바디 거주민의 경우 'Floating support' 프로그램을 이용할 수 있다. 이는 수당 관련된 자문Benefits advice과 정신건강 지원, 약물 및 알코올 중독 지원, 소수민족 지원 등과 같은 지역 서비

자료 : https://www.peabody.org.uk(접속일자 : 2018.6.20.)

그림 4 Befriending 프로그램
그림 5 The Golden Girls 프로그램

:: 사회취약계층 주거지원을 위한 영국 피바디 그룹의 역할

표 3 고령층을 위한 주요 커뮤니티 프로그램

구분	주요 내용
Floating support	• 수당 관련된 자문(Benefits advice) • 정신건강 지원, 약물 및 알코올 중독 지원, 소수민족 지원 등과 같은 지역 서비스 알선 • 자원봉사, 일자리 관련된 교육 알선 • 고령층이 거주하기 적장한 곳으로의 이주 알선 • 독립적인 주거생활이 가능하도록 다양한 보조 장치 설치 등
Befriending	고령층을 위해 말벗(친구)을 매칭하는 프로그램
The Golden Girls	여성 고령층을 위한 뜨개질 프로그램

자료 : 피바디 홈페이지의 내용을 저자가 재구성(접속일자 : 2018.6.20.)

스 알선, 자원봉사, 일자리 관련된 교육 알선, 고령층이 거주하기 적장한 곳으로의 이주 알선, 독립적인 주거생활이 가능하도록 다양한 보조장치 설치 등을 포함한다.

또한 'Befriending in London' 프로그램은 노인들이 외롭지 않도록 말벗(친구)을 매칭해주는 것으로 일련의 조사과정을 통과한 다양한 경력의 자원봉사자가 이러한 역할을 수행한다. 자원봉사는 일주일에 최소 2~3시간 참여하는데, 사회복지에 관심 있는 자원봉사자는 관련 경험과 지식을 얻게 되고, 추후 취업에도 관련 경력을 활용할 수 있다. 한편 'The Golden Girls'는 여성 고령층이 뜨개질하는 프로그램으로 직접 손으로 짠 제품은 판매하기도 한다.

젊은 층을 대상으로도 다양한 커뮤니티 프로그램을 운영하고 있다. 피바디는 젊은 층과 협력하여 일상생활에 영향을 미치는 문제에 앞장서서 대처할 수 있도록 하고, 아동 빈곤을 해결하고 아동들에게 삶의 기회를 향상시키는 데 집중하고 있다. 이를 위해 피바디는 관련 프로젝트 및 캠페인 개발, 일대일 지원, 사회 기업 및 창업 비즈니스 워크숍, 기금 조성, 고용 지원, 자원봉사 활동, 청소년 참여 툴킷 등을 수행하고, 젊은 층은 수업세션이나 워크숍을 통해 팝업숍, 사회적 기업 등을 운영하기도 한다.

2018년 6월 현재 젊은 층을 위해 운영 중인 프로그램은 다음과 같으며, 창업과 구직 등과 관련이 깊은 프로그램들로 구성되어 있다. 'Free 12-week Business Bootcamp'은 창업지원 프로그램으로 12주 동안 비즈니스 계획을 개발하고, 전문가의 멘토링을 받아 업무공간을 할당받아 창업이나 사회적 기업을 시작할 수 있도록 한다. 'Leadership programme'은 미국대사관과의 협력사업으로서 커뮤니티 리더를 양성하는 프로그램이다. 지원자는 커뮤니티 발전과 관련된 아이디어를 제안하고 일정 금액(500파운드)을 지원받아, 피바디 전문가와 함께 제안 아이디어를 발전시켜 이를 실행하는 프로그램이다. 'Free 2-week Personal and Professional Management'는 학교 졸업 후 구직활동을 돕는 프로그램으로 직장 견학, 개인 능력 및 가치 개발, CV 작성, 맞춤형 직업 및 견습과정 탐색, 직장 지원 및 인터뷰 지원, 직장 내 사회관계 형성, 금전관리 등까지를 포괄한다.

표 4 젊은 층을 위한 주요 커뮤니티 프로그램(2018년 6월 기준)

구분	프로그램	비고
창업 지원	Free 12-week Business Bootcamp	Apply by 18th October
지역 리더 양성	Leadership programme	Up to £500 funding available
구직 지원	Free 2-week Personal and Professional Management	Spaces limited

자료 : 피바디 홈페이지의 내용을 저자가 재구성(접속일자 : 2018.6.20.)

아동 및 청소년을 위한 다양한 프로그램도 운영 중에 있는데, 친밀하고 건전한 관계형성 유도를 위한 캠페인에 초점을 맞추고 있다. 'Oii My Size'는 이성 간의 차이를 인식하고, 이성 간 대화문화가 건강하고, 건전하게 자리 잡도록 유도하는 캠페인이다. 'Your Choice Your Future'는 아동들이 조직폭력의 유혹에 빠지지 않도록 그 위험성에 대해 알려주는 교육 캠페인이다. 'Threads'는 9세 이상의 여성, 아동을 위한 패션 디자인 프로젝트로 아동들의 자존감을 높이는 교육을 통해 자신의 의상을 만들고, 전시회, 패션쇼에 참여하는 내용이다.

한편 'Young people in Waltham Forest'는 총 네 개의 프로그램으로 구성되는데 'Youth projects'는 아동들이 다양한 활동에 참여하고, 도전하고, 즐길 수 있도록 하는 프로그램으로 지역공동체, 사회적 포용, 지역 재생, 서비스 전달 체계의 개선에 목적을 두고 있으며, 구체적인 프로그램은 아동들과 상의하여 개발되는데 이는 예를 들어 축구팀, 청소년 클럽, 드라마 그룹 등이다. 'After school clubs'는 일종의 방과 후 프로그램으로 국가 커리큘럼에 따른 전문가의 체육교육, 아동들의 능력을 개발할 수 있는 팀빌딩, 스포츠와 협상 능력을 길러주는 사회 개발 등을 포괄한다. 'Holiday programmes'은 공휴일에 다양한 활동 프로그램을 제공하는 것으로 어드벤처 공원 방문, 캠핑, 스포츠 코칭 등을 제공한다. 피바디는 이러한 프로그램을 통해 아동들의 자존감을 높이고, 서로를 존중할 수 있도록 유도하고 있으며, 이러한 프로그램에는 피바디 직원뿐만 아니라 일종의 심사과정을 거친 자원봉사자가 참여하게 된다.

표 5 아동 및 청소년을 위한 주요 커뮤니티 프로그램

구분		주요 내용
Oii My Size		이성 간의 건강한 대화문화 유도를 위한 캠페인
Your Choice Your Future		아동들이 조직폭력의 유혹에 빠지지 않도록 그 위험성에 대해 알려주는 교육 캠페인
Threads		9세 이상의 여성아동을 위한 패션 디자인 프로젝트(의상 만들기, 전시회, 패션쇼 참여)
Young people in Waltham Forest	Youth projects	아동들과 상의하여 개발하여 운영하는 프로그램(축구팀, 청소년 클럽, 드라마 그룹 등)
	After school clubs	일종의 방과 후 프로그램(체육교육, 팀빌딩, 사회개발 등)
	Holiday programmes	휴일에 다양한 활동 프로그램을 제공(공원, 캠핑 등)

자료 : 피바디 홈페이지의 내용을 저자가 재구성(접속일자 : 2018.6.20.)

3. 피바디의 성과 관리와 향후 계획

피바디는 매월 목표 대비 성과를 측정하고 있으며, 분기별로 이사회 보고, 1달 단위, 1년 단위의 주민 전화조사를 실시한다. 연차별로 'Annual Report to Residents', Annual Report and Financial Statements 등을 발표하고 있으며, 전자의 경우 거주민에 대한 만족도와 지원 성과가 정리되어 있다. 이를 간략하게 요약하여 제시하면 다음 표 6과 같으며 전반적으로 매우 우수한 만족도와 실적을 보유하고 있는 것으로 평가된다.

피바디는 150년의 경험을 토대로 지속 가능한 주택 공급자와 사회 기업자로서 역할을 수행하기 위해 매년 중장기 사업계획서 Peabody Group Strategy (2018~2021 등)를 작성하고, 2000년대 초반에는 '21st Century Peabody'를 작성하기도 하였다. 이뿐만 아니라 피바디는 주거와 관련된 다양한 연구를 수행3하고 있으며, 이는 현

표 6 거주민 만족도 등 주요성과지표 요약

구분		2015/16	2016/17
소비자 만족도	수리 및 관리	72%	75%
	최근 수리	73%	80%
소비자 불만	건수	1991	1458
	해소 만족도	27%	25%
반사회 행동	해소 비중	81%	85%
	해소 만족도	70%	69%
임대료	만족도	81%	85%
	지불비중	99.7%	99.4%
복지수당 등 컨설팅	건수		983
	소득 증대 효과		평균 809파운드
커뮤니티 프로그램	투자액		5.6백만 파운드
	견습생 프로그램 가치		9파운드/1파운드 투자
	고용알선		1,125
	자원봉사자		1,112
	고용 및 교육훈련		1,517

자료 : Annual Report to Residents 2016/17의 내용을 저자가 재구성

재의 주거문제 파악뿐만 아니라 구체적인 해결책 발굴에 더 비중
을 둔다. 연구는 내부 연구팀 또는 학교, 연구소 등과 협력하여 수
행하며, 이러한 연구 결과는 성과 관리와 사업 계획 작성에 활용
된다.

앞서 언급한 'Peabody Group Strategy, 2018-2021'과 '21st Century
Peabody'를 통해 피바디의 향후 계획에 대해 살펴보면 다음과 같
다. 'Peabody Group Strategy, 2018~2021'에서는 피바디의 미션과
목표를 달성하기 위한 실천 전략과 발생 가능한 리스크 요인 등이
정리되어 있으며, 본 사업 계획에서 Priorities를 ① Develop and
deliver reliably good modern services, ② Build and maintain quality

....

3   최근 연구 성과는 https://www.peabody.org.uk/about-us/what-we-do/research#over
      에서 구득이 가능하다.

developments at scale, ③ Work with local communities and build long-term partnerships, ④ Grow and use our position of influence to create positive change로 설정하고, 이와 관련된 실천 전략(actions)을 제시하였다.

해당 내용은 표 7과 같으며 최근 영국 사회주택에서 큰 화재가 난 사건을 계기로 화재와 같은 안전과 관련된 부분이 더욱 강조되고 있다는 사실을 알 수 있다. 그리고 영국 런던 내 주택 부족 문제를 해소하기 위한 신규 주택 공급 방안이 포함되어 있으며, 커뮤니티 활성화 전략뿐만 아니라 피바디와 Family Mosaic Housing 등과의 통합에 따른 커뮤니케이션 서비스의 일원화가 중요한 과제로 인식하고 있다.

표 7 'Peabody Group Strategy, 2018~2021'의 priority와 Actions 요약

Priority	Actions
Develop and deliver reliably good modern services	• Customer Hub를 일원화하여 일상적인 요구뿐만 아니라 복잡한 요구에도 효과적으로 대응할 수 있는 높은 수준의 CRM 능력 보유 • 화재 리스크 관리 시스템을 구축하여 화재 안전성을 강화 ⋮
Build and maintain quality developments at scale	• 연간 2,500호의 신규 주택을 공급 • 지역과 주민을 위해 Thamesmead 내의 토지와 자산을 효과적으로 사용할 수 있도록 개발 • 현재 자산 포트폴리오를 최대한 활용하고 자산 평가 모델(Asset Appraisal Model) 도입 ⋮
Work with local communities and build long-term partnerships	• 양질의 직장과 주거 안정을 통해 거주민들이 경제적으로 자립할 수 있도록 지원 • 사내 고용 및 효율적인 교육 서비스 제공. 다른 기관과 협력하여 고용 및 견습 프로그램 지원 • 1,500명의 자원봉사자와 다양한 사회활동을 지원하여 지역 커뮤니티를 활성화 ⋮
Grow and use our position of influence to create positive change	• 중앙정부, 지방정부에 영향을 미칠 수 있는 파트너와 이해 관리자와 강한 관계 형성 • 저소득층의 삶, 주거 관련 정책에 영향을 줄 수 있는 연구과제 수행 • 커뮤니티 관련 사업의 활력 증진을 위한 자금 조달 확대. 협력사업 발굴 등 • 통합된 커뮤니케이션 서비스를 구축하고, 일원화된 웹사이트 및 인트라넷 구축 ⋮

자료 : 'Peabody Group Strategy, 2018~2021'의 내용 중 일부를 저자가 재구성하여 요약한 것임

'21st Century Peabody'는 향후 피바디의 활동에 대한 다양한 내용을 담고 있는데, 21세기 미션을 'A good home, a real sense of purpose and a strong feeling of belonging'으로 설정하고, 이를 위한 다양한 비전과 실천 전략을 제시하였다. 특히 건축적으로 이러한 미션과 비전을 달성하기 위한 전략도 구체적으로 제시하고 있다.

표 8에서 보는 것과 같이 'A good home'을 위해서 모든 주택에 발코니 또는 정원 공급, 장수명 주택 공급 등을 제시하였고, 'A real sense of purpose'을 위해 지역 학교와 교육 프로그램 연계, 인근 대학과의 연계 강화, 인근 상업지역에서의 고용 및 교육훈련 활동 활성화 등을 제시하였다. 'A strong feeling of belonging'을 위해 주민자치 기회 부여, 라이프스타일에 부합하는 맞춤형 서비스 제공 등을 제시하였다.

표 8 21st Peabody Vision의 주요 내용

Mission	Visions
A good home	• 모든 주택에 발코니 또는 정원 공급 • 모든 집을 장수명 주택으로 공급 • 최신 커뮤니케이션 기술 적용 • 개인 맞춤형 마감 패키지 적용 가능성 검토 • 활용 가능한 오픈 공간 극대화 ⋮
A real sense of purpose	• 지역 학교와 교육 프로그램 연계 • 성인 학습자를 위한 인근 대학과의 연계 강화 • 인근 상업지역에서의 고용 및 교육훈련 활동 활성화 • 스터디 모임, 스포츠 등 프로그램 지원 • 상업공간을 확보하여 창업 지원, 인근 창업센터와 협력하여 교육 등 지원 ⋮
A strong feeling of belonging	• 주민들에게 자치 기회를 부여하고, 공동의 목적에 부합하는 커뮤니티 방향 설정 • 지역성, 라이프스타일에 부합하는 맞춤형 서비스 제공 • 포상제도 도입 • 저렴주택, 시장주택의 균형 있는 공급을 통해 사회통합 실현 ⋮

자료 : 21st Peabody Vision의 내용 중 일부를 저자가 재구성하여 요약한 것임

앞서 언급한 비전들은 해당 보고서 내에 수록된 다양한 연구내용과 건축학적 요소를 종합하여 제시되고 있으며, 이는 실제 파일럿 스터디로서 Wandsworth의 Clapham 지역에 적용되었다. 본고에서 그 일부를 소개하면 모든 주택에 발코니 또는 정원을 공급하는 비전은 그림 6과 같이 발코니를 통해 편안하게 상호작용하고 정원을 통해 채소를 재배하거나 에너지를 생산할 수 있는 기회를 제공한다는 의미로서 제시되었다.

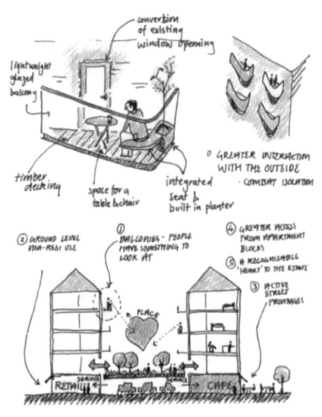

자료 : 21st Peabody Vision

그림 6 발코니 및 정원을 통한 상호작용 증대

또한 지역 학교와 교육 프로그램, 인근 상업지역에서의 고용 및
교육훈련 활동 활성화 등의 비전은 고용과 교육기회 증진을 위해
건축물과의 관계성을 높이는 데 주안을 두자는 의미인데, 이는 그
림 7과 같이 건축물의 배치와 경로 설계에까지 반영되었다.

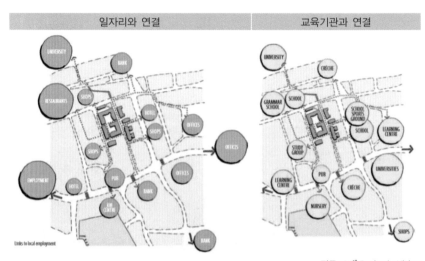

자료 : 21st Peabody Vision

그림 7 고용 및 교육 기회 증진을 위한 커뮤니티 설계

4. 종합 및 시사점

지금까지 영국 피바디의 주요 역할과 향후 계획에 대해 살펴보았
다. 그 내용을 종합하여 시사점을 도출하면 다음과 같다.

첫째, 피바디는 양질의 주택을 공급하고 관리하기 위해 구체적인
주택 관리 매뉴얼과 체계적인 지역 조직을 갖추고 있다. 주택 수
리에 대한 책임을 거주민 수리 책임 영역, 임대인 수리 책임 영역

으로 구체적으로 구분하고, 긴급성을 요하는 사항은 24시간 내 지원이 가능한 체계적인 주택 수리 조직이 존재한다.

둘째, 주거 서비스에서 안전과 갈등 조정을 강조하고 있다. 반사회적 행동, 가정 폭력을 해결하기 위한 조직체계를 갖추고 있으며, 이웃 간의 갈등을 신속하게 해결하기 위한 중재 서비스가 일련의 원칙에 따라 작동하고 있다. 그리고 최근 영국 내 사회주택 화재사건이 발생하면서 화재 리스크 관리 시스템 구축을 사업 계획에 포함시켰다.

셋째, 종합적인 복지 전달 체계를 갖추고 있다. 주택수당, Council Tax, 구직수당, 자립 급여 및 장애수당, 근로 및 자녀 세액공제, 관련 혜택의 상한에 대한 상담뿐만 아니라 채무 등 금융 상담, 일자리 및 교육 관련 상담 등 종합적인 상담과 지원이 가능한 복지 전달 체계를 갖추고 있다.

넷째, 아동과 청소년의 자존감 증대와 건전한 가치관 형성에 초점을 둔 커뮤니티 프로그램을 운영한다. 이성 간 건전한 대화문화, 조직폭력의 위험성에 대한 교육 캠페인, 방과 후 프로그램, 공휴일 프로그램 등을 통해서 아동과 청소년의 자존감을 증대시키고 건전하고 건강한 사회의 일원으로 자랄 수 있도록 유도하고 있다.

다섯째, 젊은 층에게는 다양한 고용 및 교육훈련 프로그램을 지원한다. 직장 지원 및 인터뷰 준비, 견습생 프로그램 등을 통해 개인 능력의 잠재력을 개발할 수 있도록 지원하고 전문가 멘토링을 받아 창업과 사회적 기업을 시작할 수 있는 기회를 부여함으로써 젊은 층이 지역의 리더로서 중요한 역할을 수행할 수 있도록 지원한다.

여섯째, 고령층에게는 건강과 관련된 다양한 프로그램을 지원한다. 정신건강 등에 관한 지역 서비스 알선, 독립적인 주거생활이 가능하도록 다양한 보조 장치 설치 등을 수행하고, 말벗 매칭, 뜨개질 프로그램과 같은 다양한 프로그램을 지원한다.

일곱째, 피바디는 지속적인 성과 관리와 연구를 통해 중장기 사업계획을 구상하고, 이를 다양한 각도에서 실현하기 위해 노력한다. 거주민들과의 상호작용을 강화하는 커뮤니티 실현을 위해 각종 프로그램 개발뿐만 아니라 건축 설계에도 이러한 가치를 반영하고 있다.

:: 참고문헌

21st Peabody Vision.

Annual Report to Residents, 2016/17.

Peabody Group Strategy, 2017~2020.

Peabody Group Strategy, 2018~2021.

국토연구원(2016), "런던 저소득층 주거 안정을 위한 Peabody Trust의 활동",
　　e-INTERVIEW(조요셉, 인터뷰: 양도식), 월간국토.

https://www.peabody.org.uk

청년 홈리스 주거 지원을 위한
포이어(Foyer) 모델 :
영국 사례를 중심으로

청년 홈리스
주거 지원을 위한
포이어(Foyer)
모델 : 영국
사례를 중심으로

1. 들어가며

포이어(Foyer)는 홈리스 상태에 있는 청년들이 성인으로 성장하는 전환기를 지원하는 가장 좋은 실천 모델로 여겨지고 있다. 홈리스 청년들은 포이어에서 안전하게 생활하고 학습하고 독립적인 성인이 되기 위해서 필요한 능력을 갖추어가도록 지원받을 수 있다.

포이어는 프랑스, 호주, 아일랜드, 미국, 캐나다, 루마니아, 네덜란드, 독일, 영국 등 많은 나라에서 청년 홈리스 문제에 대응하는 중요한 정책 수단으로 이용되고 있다. 세계적으로는 1,000개 이상의 포이어 프로젝트가 진행되고 있다. 포이어와 유사한 서비스까지 포함할 경우 그 수는 더 늘어난다.[1]

포이어가 운영되는 방식은 나라마다 차이가 있지만, 일반적으로

....

1 http://www.foyeroxford.org.au/about/international-foyer-movement

16세에서 25세까지의 거처가 필요한 젊은이들, 즉 홈리스 상태이거나 그렇게 될 위기에 처한 청년들에게 제공된다. 이곳에서는 자기 개발을 위해 필요한 다양한 서비스를 받고, 학업을 이어가거나 고용 능력을 향상시키고, 건강을 회복하고, 잠재된 리더십을 발전시킬 수 있다. 개개의 포이어마다 제공하는 지원은 조금씩 다르지만, 가장 기본적인 것은 안전하고 부담 가능한 거처와 대인 지원, 학습과 고용 기회를 함께 제공하는 것이다.

이 글은 영국의 포이어 모델을 소개하기 위한 것이다. 영국에서는 청년 홈리스 문제에 대응하기 위해서 포이어 모델이 도입되어 발전하는 과정, 그리고 포이어의 중요한 특징과 서비스 제공 방식에 대해서 살펴본다. 이런 정보가 우리나라에서 아직 청년 홈리스에 대한 정책을 고려하는 데 기여할 수 있기를 기대한다.

2. 영국에서 포이어의 발전 과정

1) 도입 배경

영국에서 포이어 모델에 대한 관심은 1990년대 초반 청년 홈리스 문제와 실업 문제가 심각해진 상황에서 나타났다. 청년들의 실업과 홈리스 문제는 연관성이 있으며, 양자의 고리를 끊는 것이 중요하다고 여겨졌다. 그래서 주거와 함께 고용과 관련한 지원을 제공하는 포이어에 대한 관심이 커졌다.

1992년 영국에서 처음으로 포이어가 설립되었으며, 이후 영국에서 홈리스 상태의 실업 청년들의 문제를 완화하기 위한 중요한 주거 정책 수단으로 활용되고 있다. 영국 최초의 포이어는 영국에서 주거와 홈리스 문제 분야의 가장 중요한 역할을 해오고 있는 자선조직charity인 Shelter와 주류 회사인 Diageo의 협력을 통해서 만들어졌다. YMCA 호스텔로 사용하던 곳을 포이어로 전환해서 처음으로 포이어 사업을 시작했다.

첫 번째 포이어의 문을 열기 전인 1991년 Shelter는 청년들의 홈리스 문제가 점점 더 심각해지자 유럽연합의 다른 국가들에도 비슷한 문제가 있는지 조사했다. 그리고 프랑스의 포이어 시스템에 관심을 갖게 되었다. 프랑스는 영국에 비해 청년 홈리스 문제가 덜 심각했는데, 청년 노동자를 위한 포이어의 네트워크가 고실업 시대 청년 홈리스 문제가 커지는 것을 예방하는 역할을 하고 있다는 것을 확인했다.

프랑스에는 약 450개의 포이어가 있고, 45,000개 이상의 침상을 제공하고 있었다. 포이어는 제1차 세계대전 중에 프랑스에서 군인들에게 먹고 잘 수 있는 공간을 제공하기 위해서 시작된 주거 모델이었는데, 이후 홈리스 청년 문제가 커지면서 그들을 지원하기 위한 거처를 지칭하는 말이 되었다. 현재 청년들을 위해서 이용되는 포이어의 절반 정도는 1950년대 전후 재건기에 노동력이 부족한 지역으로 청년들이 이주할 수 있게 하려고 만들어졌다. 그리고 나머지 절반은 1960년대 주택 부족과 높은 실업률을 경험하던 시기에 만들어졌다.

포이어 확대는 중앙정부의 재정 지원이 있어서 가능했다. 프랑스에서 초기 포이어는 주거를 제공하는 역할을 했는데, 1980년대 실업률이 높아지고 기존 포이어를 현대화하는 사업을 하면서 고용훈련과 일을 찾는 것을 돕는 역할이 강조되었다. 영국으로 수입된 것은 이런 후기의 모델이다.

영국에서 포이어 시범사업이 실시된 것에는 정치적인 로비 활동도 있었다. 이런 활동에는 Shelter, 다수의 주택조합housing associations,[2] YMCA 전국위원회 등이 중요한 역할을 했다. 이들은 포이어 도입과 확대를 위해서 정부조직과 공무원, 정치인을 상대로 로비 활동을 벌였고, 1992년 선거 공약에 포이어 시범사업에 대한 내용이 포함되게 했다. 그리고 주택공사Housing Corporation의 포이어 시범사업이 실시되었다.

2) 포이어 모델의 확산

시범사업의 아이디어는 상당 부분 주택공사Housing Corporation에서 나온 것이다. 주택공사는 L&QHT와 NBHA의 재정 지원 요청을 받았으며, 이 요청에 대해서 주택공사는 기간이 많이 걸리지 않는 기존 호스텔을 활용하는 방식으로 바로 시범사업을 시작하는 방안을 지지했다. 그리고 YMCA 호스텔을 시범사업 대상으로 선택했다. 고용 서비스 부서에서 포이어에 고용 훈련과 지원 서비스를 개발하기 위해서 파견했다. 1992년 Nottingham, Norwich, St. Helens,

....

2   London and Quadrant Housing Trust(L&QHT), North British Housing Association (NBHA), Grand Metropolitan Trust 등이다.

Wimbledon, Romford 다섯 지역에서 포이어 시범사업이 시작되었다.

시범사업에는 2개의 새로 건설된 포이어가 추가되었다. 포이어로 이용할 목적으로 건설된 이 사업은 주택조합인 L&QHT와 NBHA에 의해서 London의 Camberwell, Salford에서 추진되었다. 캠버웰 포이어는 1994년 11월 문을 열었는데, Centerpoint가 운영을 맡았다. 샐포드 포이어는 1996년 1월 개소했고, YWCA가 운영을 담당했다. 주택조합이 건물을 보유하고, 지원 서비스 제공 등은 청년 홈리스를 지원하는 경험이 있는 조직에서 담당한 것이다.

시범사업에 대한 평가는 2년에 걸쳐서 진행되었다. 조셉 라운트리 기금Joseph Rowntree Foundation에서 지원하고, 요크대학교University of York의 주택정책센터Centre for Housing Policy에서 수행했다.

시범사업의 포이어들은 안전하고 지지적인 분위기의 양질의 거처를 제공하고, 레저와 오락활동을 이용할 수 있었으며, 직업훈련과 일자리를 찾기 위한 지원을 핵심적인 요소로 포함했다. 청년들의 필요에 보다 통합적인 접근을 하고자 했다. 고용과 훈련 지원을 위한 전문적인 지원자를 배치했고, 관련 서비스 제공을 위한 재원을 결합했다.

포이어에서 제공하는 고용과 훈련 지원은 잡클럽Jobclub에서 제공하던 서비스와 비슷하다. 고용과 훈련에 대한 지원을 하는 공간은 누구나 들러서 이용할 수 있는 드롭인drop-in 방식으로 운영되었다. 시작과 종료 시기가 정해진 이미 확정된 프로그램을 운영하는 곳은 아니었다. 청년들은 직접적인 구직과 훈련에 대한 정보 제공만이 아니라 보다 폭넓은 영역에 걸친 지원을 받을 수 있었다. 이를 통해 스스로 자기 문제에 대응하기 위한 도움을 받을 수 있었고, 자신감과 자부심을 향상시키는 것을 강조했다.

주거와 고용 서비스 부문의 통합이 항상 원활하지는 않았다. 기존의 실천 방식이 마찰을 빚기도 했고, 직원들의 훈련이나 새로운 방향 설정과 관련한 어려움도 있었다. 하지만 포이어를 통한 결합 서비스는 청년들이 직업을 갖는 것이 더 큰 성공을 거두는 것으로 평가되었다Quilgars & Anderson, 2013.

시범사업 이후 포이어의 수는 급격하게 늘어났다. 1996년 40개, 2007년 130개, 2017년 187개로 증가했다. 꾸준히 포이어를 만들고 지원하는 지방정부들이 증가했는데, 이는 젊은이들에게 안전하고 양호한 환경과 자기 개발의 기회와 전문적인 지원을 제공하는 것이 지방정부가 수행해야 할 역할로 여겨지고 있기 때문이다. 이제는 매년 10,000명 이상의 청년들이 포이어를 이용하고 있다. 2017년까지 약 16만 명의 청년이 포이어 지원을 받았다. 영국에서 포이어는 청년 주거에 대한 중요한 투자 방식이 되었다.

3) 포이어 연합

포이어 운동 초기에는 시범사업 이외에도 주택공사가 Shelter, 건축재단Architecture Foundation과 함께 포이어 설계 공모전을 열기도 하는 등 다양한 시도들이 있었다. 특히 주목할 것은 청년을 위한 포이어 연합Foyer Federation for Youth 결성이다. 1992년에는 Shelter와

Diageo, Grand Metropolitan Trust 등이 협력하여 만든 이 조직은 영국 전역에서 포이어 개발을 촉진하는 역할을 했다.

2018년 현재 영국의 도시와 농촌 지역에 있는 걸쳐서 존재하는 120개 포이어들이 포이어 연합의 회원으로 참여하고 있다. 포이어를 만들고자 하는 주체들은 포이어 연합으로부터 재정이나 운영 등과 관련한 중요한 지원을 받을 수 있었다. 포이어 연합의 사업은 독립된 위원회에 의해서 결정된다.[3] 포이어 연합은 현재 다음과 같이 자기 역할을 규정하고 있다.

- 포이어 개념의 확산
- 포이어 경험과 모범 사례 공유
- 인증 시스템을 통한 서비스 질 확보
- 포이어 관련 재정 조달 지원

포이어 도입 과정에는 정보가 충분하지 않았기 때문에 포이어의 개념이나 역할이 계속 쟁점이 되었다. 포이어의 규모는 어느 정도가 좋은지, 거처 제공과 고용이나 훈련 관련 지원 프로그램 참여를 어떻게 결합할 것인지 등에 대한 논란이 있었다. 이런 상황에서 1993년 포이어 연합은 포이어를 "부담 가능한 주거를 훈련과 고용과 연결하여 독립적인 생활로 이행하는 과정에 있는 청년들의 필요에 종합적으로 대응하는 통합 수단"이라고 정의했다. 그리고 포이어의 핵심적인 요소로 다음과 같은 내용을 언급했으며, 그것들은 영국 포이어의 일반적인 특징이 되었다.

....
3   http://foyer.net/about-us/#our-history

- 16세에서 25세까지의 대상 집단
- 부담 가능한 양질의 거처를 시설이 아닌 방식으로 제공
- 고용 훈련과 일에 대한 접근 지원
- 레저와 오락 시설에 대한 접근성
- 안전한 환경
- 지지와 안정성
- 영국과 유럽 포이어 네트워크와 연대

포이어가 정책적으로 자리를 잡는 과정에도 포이어 연합이 중요한 역할을 했다. 포이어 연합은 포이어의 양호한 서비스 수준을 보장하기 위해서 품질인증사업Quality Assuring scheme을 실시하고 있다. 인증사업을 위한 독자적인 위원회를 두고 있다. 이 사업은 단순히 서비스를 평가하고 기준에 맞을 경우 인증서를 주는 식의 사업이 아니다. 각 기관의 상황을 파악하고 그것에 맞게 맞춤형 지원을 통해서 서비스의 질을 확보하고 양호한 프로그램을 운영하도록 돕는 것이 핵심이다. 이런 인증 시스템은 정부 지원의 조건으로도 활용된다.

포이어 연합은 취약한 청년을 위한 정책과 관련된 로비와 캠페인도 수행하고 있다. 매년 컨퍼런스 등의 행사를 통해서 포이어의 필요성과 성과를 공유하고, 포이어에 대한 지원을 끌어내고, 정책 개선 활동도 하고 있다. 포이어는 새로운 프로그램과 운영 방식을 시도하고 혁신하기 위한 노력을 계속해오고 있는데, 그 과정에 포이어 연합이 중요한 역할을 한다.

3. 영국 포이어의 특징

1) 물리적 형태

포이어 건물은 초기에는 호스텔을 개조한 것이 많았지만, 이후 포이어로 이용하기 위해서 건설하거나 오래된 건물을 리모델링한 곳들이 늘어났다. 포이어 건축에는 일반적인 건물보다 더 큰 비용이 들어가는 경우가 많은데, 지역사회에서 긍정적인 이미지를 갖게 하려고 디자인이나 건축자재 등에 상대적으로 더 신경을 썼기 때문이다. 지역사회에서 유서가 깊은 건물을 복원하여 포이어로 활용하는 경우도 많은데, 복원을 위한 비용은 상대적으로 크지만 청년들이 선호하는 입지에 공간을 확보하는 방법이었다.

포이어의 규모는 다양하다. 작은 곳은 10명 정도가 이용할 수 있고, 100~200명 정도가 이용할 수 있는 큰 곳도 있다. 30~40개의 침상이 있는 경우가 가장 많다. 몇 개 침상만 있는 소규모 포이어는 많지는 않은데, 주로 농촌 지역에 많다. 대도시만이 아니라 농촌 지역에서도 홈리스 청년 문제에 대응하고자 포이어를 설치하여 운영하고 있다. 대부분의 경우 일정한 규모를 갖추고 있는데, 포이어의 기본적인 서비스를 갖추기 위해서 다수의 직원이 필요하기 때문이다. 규모가 있는 포이어의 경우 24시간 직원이 배치되어 관리와 지원 서비스를 제공한다. 소규모 포이어의 경우 큰 규모의 조직과 네트워크를 통해서 운영하는 경우를 제외하고는 24시간 서비스는 불가능하다. 이런 경우 야간에는 전화로 서비스를 요청할 수 있는 체계를 갖추고 있다.

한 건물에 많은 사람이 모여서 생활하는 통합형이 많기는 하지만, 몇 개의 침상이 있는 주택이 여러 지역에 산재해 있는 분산형도 있다. 직원들이 상주하는 규모가 큰 건물이 서비스를 제공하는 중심의 역할을 하고 주변에 분산형 주택을 함께 운영하는 복합적인 형태도 있다. 지역의 조건과 규모에 맞게 유연하게 형태를 선택한다.

침상이 하나 있는 원룸에 기본적인 시설을 갖춘 형식도 있고, 개인이 사용하는 침실이 몇 개가 있고 부엌을 공유하는 주택 형태도 있다. 훈련 시설이 건물에 함께 있는 경우도 있다. 오래된 포이어들 중에는 기숙사 형태로 운영되는 곳도 있는데, 공용 부엌이나 욕실이 있으며 거주자를 위한 식당을 운영하여 저렴하게 식사를 제공하기도 한다. 새로 공급되는 포이어 건물은 독립된 생활이 가능한 주거 형태를 갖추고 있는 경우가 많다. 카페나 식당은 외부인에게 개방하는 경우도 있다. 다양한 방식으로 변형된 유사 포이어 모델들도 나타나고 있다.[4]

2) 이용자

대부분의 경우 주거를 담당하는 지방행정기관이 주거 소요가 있는 청년들을 포이어에 의뢰한다. 관련 서비스를 제공하는 조직이나 기관들이 의뢰하기도 한다. 지역의 대학, 주거 지원 조직, 고용지원 조직, 홈리스를 위한 긴급거처 등이다. 거처가 없는 청년들

....

4   유사 포이어 모델로 학교와 연계한 학생용 지원 주택, 홈리스를 위한 사회적 기업이 운영하는 기업 숙소 형태의 거처 등이 있다.

이 지역의 포이어, 지방정부, 주거상담센터, 홈페이지 등을 통해서 관련된 정보를 구하고 연락할 수도 있다.

영국의 지방정부는 홈리스에게 임시거처를 제공해야 할 의무가 있다. 홈리스 가운데 일정한 조건에 해당하는 이들에게는 주거를 제공해야 할 의무가 있다. 지방정부는 홈리스 신청자의 상태를 보고, 도움을 제공해야 할 법적인 의무가 있는지를 확인한다. 그리고 주거 지원 대상이 되는 홈리스 청년들에게 포이어를 제공할 수 있다. 아동법The Children Act, 1989에 의해서 21세 미만의 청년 홈리스는 주거 제공에서 우선적으로 고려할 필요가 있다고 판단하고 있다. 일반적으로 지역 연고가 있어야 지원을 받을 수 있다. 지역 연고는 6개월 이상 해당 지역에 거주하거나 그 지역에 가족 구성원이 있는 경우를 말한다.

16세에서 25세까지 청년들이 이용한다. 이용자의 연령은 점점 낮아지는 경향이 있다. 연간 이용자 10,000명 가운데 16세에서 17세 청년의 비율이 절반 이상을 차지한다. 이것은 어려움을 겪는 가정이 늘어나고 있다는 것을 뜻한다.

다양한 어려움을 경험한 청년들이 포이어를 이용한다. 위탁양육가정을 여러 번 옮겨 다닌 경험이 있는 경우도 있고, 범죄와 청소년 교정시설, 가정 폭력이나 방치, 가족 해체를 경험한 청년들도 많다. 어린 나이에 부모의 역할을 해야 하는 경우도 있다. 70%의 홈리스 청년들은 폭력을 피해서 집을 나왔다. 홈리스 청년들은 생존을 위해서 범죄를 저지르고 체포되곤 한다.

이런 감당하기 어려운 경험으로 인해 트라우마를 가지고 있는 경우가 흔히 있다. 유년기에 복합적인 트라우마를 경험하고, 우울, 분노조절장애, 외상 후 스트레스 장애post-traumatic stress disorder : PTSD, 자살에 대한 생각, 관계 문제, 약물 남용 장애 등의 문제를 보이는 경우가 많다. 이런 트라우마는 집을 나오기 전부터 경험하고, 홈리스가 된 이후에 다시 경험하기도 한다. 낯선 사람의 집에서 생활하거나 아동시설이나 교정시설 등 수용생활을 하면서 권위에 대한 불신이 커진다.

지원을 담당하는 직원이 이런 청년들로부터 신뢰를 받기 위해서는 상당한 시간이 필요할 수 있다. 상실과 배반의 과거 경험을 인지하고, 청년들이 그들이 공유하고자 하는 정보만 공유할 수 있는 권리가 있다는 것을 알려주고, 직원들과 신뢰 관계를 발전시키기 위해서 필요한 시간과 공간을 제공할 필요가 있다. 높은 수준의 지원이 필요한 입주자가 늘어날 경우 대응이 쉽지 않으며, 직원들은 더 어려움을 겪기도 했다. 입주자들이 자리를 잡는 과정에는 동료들과의 관계가 중요한 역할을 하기도 한다.

영국에서는 대체로 최대 거주기간을 2년으로 정하고 있다. 평균적으로는 11개월 정도 포이어에서 생활하고 다른 거처를 구한다. 거주기간을 제한하는 것에 대해서도 여러 가지 주장이 있다. 영국에서는 거주기간을 2년 정도로 제한하는 것이 합리적이라고 인정되어왔다. 나라마다 혹은 기관마다 거주기간에 대한 정책은 다르다. 18개월까지 지원하는 경우도 있고, 청년들이 지원 없이 생활하는 것에 자신감을 가질 때까지 기간 제한을 두지 않고 서비스를 제공하는 경우도 있다. 최근에는 성인으로 전환하기 위해서 필요한 충분한 기간을 거주할 수 있도록 하기 위해서 기간 제한을 하지 않는 것이 바람직하다는 주장이 힘을 얻고 있다. 포이어 이후 적절한 거처를 마련할 수 있게 지원하는 것이 중요해진다.

3) 지원 서비스

포이어는 안전하고 지지적인 분위기의 부담 가능한 주거를 제공하면서 동시에 성인으로 전환하는 시기에 필요한 교육, 고용 등의 지원 서비스를 통합적으로 제공한다. 포이어가 제공하는 기본적인 서비스는 다음을 포함한다.

- 부담 가능한 주거
- 지지와 안전
- 교육과 훈련 기회
- 노동 경험과 일자리 기회

포이어에서 이루어지는 지원 서비스는 직원들에 의해 직접 제공되는 경우도 있지만 다른 기관과 협력하여 제공하는 경우가 많다. 지역의 대학, 훈련기관, 고용 지원 기관, 기업 등과 협력하면서 교육이나 고용과 관련된 독립적인 생활을 할 수 있는 능력을 높이기 위한 지원을 한다. 이밖에도 약물, 보건, 심리상담 등 다양한 분야의 조직들과 협력한다. 거주자의 다수가 다른 기관과 협력하여 제공하는 지원을 받고 있다.

포이어에 입주하면서 입주자와 약속이 이루어진다. 이런 합의는 공식적인 문서로 작성되며, 포이어 사업의 핵심적인 것으로 여겨진다.

주택과 관련된 규칙은 공통적이다. 포이어 관리를 위해서 일반적인 주택과 마찬가지 규칙이 적용된다. 약물, 불법행위, 공격적인 무기 등은 금지된다. 술은 개인 방에서만 허용되고 공용공간에서는 금지된다. 금연 건물로 운영한다. 임대료를 지불해야 한다. 이런 규칙을 지키지 않으면 퇴거해야 한다.

포이어에 들어오는 청년들은 일, 훈련, 교육 등의 자기 개발에 적극적으로 참여하도록 요구되고, 지역사회에도 긍정적으로 기여하기를 기대한다. 참여자는 고용, 훈련, 교육과 관련한 활동을 수행하고 임차인의 의무를 다할 것을 합의하는 문서에 서명한다. 이 문서에는 물론 서비스 제공자의 의무와 역할도 포함하고 있다. 이런 조건에 대한 합의는 포이어의 특별한 거주 조건이다. 이런 조건에 포함되는 것으로는 직원과 정기적으로 일대일 상담에 참여해야 하는 것이 대표적이다. 이를 토대로 개인별 실천 계획 Action Plan을 수립한다. 여기에는 개인별 목표, 기술, 교육적 성취, 주거 관련 희망, 일자리 관련 희망 등을 포함하게 된다.

개인별로 작성되는 합의 내용은 각자가 직면한 어려움이나 앞으로 기대하는 바에 따라 다르고 유연하게 조정될 수 있다. 청년들이 자신의 미래에 대해서 책임감을 갖게 하고, 안정적이고 지속적으로 개인과 주변의 변화를 위해서 노력하도록 하려면 각자의 상황에 맞게 달라질 수 있어야 한다고 여겨진다. 세부적인 프로그램 이용 여부는 거주 조건이 아니다Quilgars & Anderson, 1995.

전통적으로 포이어에서는 일을 구하고 자립하는 것이 강조되어
왔으나, 지원 서비스 분야는 집을 떠난 젊은이들이 직면하는 다양
한 문제와 관련된 영역으로 확대되었다Steen and Mackenzie, 2013. 기
본적인 생활기술과 자립생활을 위한 훈련이 장기적으로 더 큰 효
과가 있다고 여겨지기도 한다Lovatt & Whitehead, 2006.

4) 맞춤형 서비스 제공

입주 계약을 위해서는 청년의 상황을 확인해야 한다. 의뢰가 이
루어지면 사정이 진행되는데, 이 과정에서 포이어에서 생활하면
서 요구되는 의무를 확인하게 된다. 대부분의 홈리스 청년은 포
이어에 들어올 당시 여러 가지 필요를 가지고 있다. 다양한 생활
기술, 사회적 관계, 심리적 문제, 약물 남용 등과 관련한 도움이 필
요하다. 이전의 생활 패턴을 바꾸고, 일을 구하고, 앞으로 집을 구
하고 유지하기 위해서는 이런 문제에 효과적으로 대응해야 한다.
개인별 필요를 사정assessment하고 어떤 지원이 필요한지 확인한
다. 그리고 개인별로 맞춤형 프로그램을 계획한다. 또 참가자의
변화하는 필요에 대응하기 위해서 주기적으로 계획을 재평가하
고 수정한다.

개인별 실천 계획은 청년들이 직원이나 멘토의 지원을 받으면서
적극적으로 이행해야 할 내용을 담은 문서이다. 이 계획은 현실
적이고 달성할 수 있는 것이어야 하고, 당사자 청년과 멘토, 직원

이 함께 검토하고 결정한다. 훈련, 교육, 고용과 관련한 활동이 중심이 되고, 생활기술 개발, 상담, 지원 프로그램이 적절히 배치된다. 이런 후자의 지원 프로그램들은 일과 이외의 시간에 유연하게 수행될 수 있도록 하는 경우가 많다.

표 1 단계별 포이어의 지원 절차

단계	진행 내용	
1단계 : 초기 인터뷰	• 의뢰 접수 • 의뢰 승인 혹은 거절 • 기초생활기술 평가 • 목표 달성을 지원하기 위한 학습 계획 설정 • 개인별 실천 계획 수립 • 포이어 입주	• 자격기준 확인 • 생활 목표 및 참여자 기여 설정 • 개인 필요 분석 • 계약/합의
2단계 : 입주와 안내	• 만남과 인사 • 임대차계약 • 주택 관련 규칙과 책임 안내	• 주택 안내 • 생활 기준 • 거처 배정
3단계 : 프로그램 시작	• 학습과 생활기술 프로그램 • 필요한 지원 결정(정신보건, 약물, 알코올, 아동보호 등) • 학습이나 일과 관련한 연계 설정 • 지원 계획 설정	• 멘토 연결
4단계 : 최초 평가	• 노동 경험 • 생활기술 • 학습 참여 • 멘토 배치	• 고용 훈련 • 임차인 의무 • 커뮤니티 활동 참여
5단계 : 재평가	• 학습 목표 달성 • 포이어 생활에 대한 평가 • 멘토링과 동료지원	• 학습과 노동 • 서비스 연계의 적합성 확인
6단계 : 이주	• 독립적으로 생활하기 • 주거 관련 요구사항 : 이주와 정착 관련 계획 • 고용 • 계획과 후속 지원	• 보다 높은 수준의 교육 • 멘토 역할

대부분의 포이어에서는 사례 관리를 실시한다. 사례 관리는 참여자의 변화를 위해서 특별히 중요하다고 여겨진다. 사례 관리자는 입주가 결정되면 빠른 시간 안에 참여자와 초기 사례 컨퍼런스를 실시한다. 여기서는 다음과 같은 내용이 다루어진다.

- 참여자의 선호
- 필요한 지원의 성격과 정도
- 필요한 기술과 전문성
- 자원의 이용 가능성

참여자들은 필요에 대응하는 방법을 스스로 선택할 수 있는데, 사례 관리를 통해서 도움을 받는다. 먼저 참여자에게 선택할 수 있는 대안들에 대한 설명을 한다. 참여자의 권리와 비밀보장 등에 대한 합의를 한다. 참여자의 정보는 당사자가 동의할 경우 협력 기관들과 공유할 수 있다. 참여자는 사례 컨퍼런스에 참여할 수 있고, 원하는 경우 도움을 줄 사람도 참여할 수 있다.

멘토링도 중요한 역할을 한다. 가족과 생활하는 이들에게는 일반적으로 부모 등 성인이 멘토의 역할을 하는데, 홈리스 청년에게는 그런 사람이 없는 경우가 많다. 이런 상황을 극복하기 위해서 멘토링이 활용된다. 이 과정을 통해서 새로운 지식과 기술을 발전시키고, 커뮤니티 활동에 참여하는 계기를 갖기도 한다.

다양한 형태의 멘토링이 있다. 성인과 청년 사이에 이루어지기도 하고, 동료들 간에도 가능하다. 일대일, 일 대 다수, 다수 대 다수의 관계로 이루어지기도 한다. 이전에 포이어를 이용한 경험한 이들이 멘토가 되기도 한다. 직접 만나는 경우도 있지만 이메일 등을 통해서 진행되기도 한다.

- 전통적 멘토링(성인과 청년의 일대일 멘토링)
- 그룹 멘토링(한 명의 성인이 소수의 청년들과 실시)

- 팀 멘토링(여러 명의 성인이 소수의 청년들과 실시)
- 동료 멘토링(청년이 다른 청년을 멘토링)
- e-멘토링(이메일과 인터넷을 통한 멘토링)

이주를 준비하는 과정은 성공적인 결과를 위해서 중요하다. 이를 위해서 다양한 자원을 활용하고 여러 기관들과 협력적인 작업을 한다. 많은 사람들이 이주하면서 임차할 거처를 구하고, 일부는 대학교 기숙사로 가고, 가족에게 돌아가는 경우도 있다. 청년들에게 장기적 혹은 영구적으로 옮겨갈 다양한 형태의 거처가 있고, 그 기회가 확대될 때 성공적인 이주 가능성은 높아진다. 이렇게 옮겨가는 주택은 양질이어야 하고, 청년들의 거처에 특별한 요구인 입지나 안전 문제도 고려되어야 하며, 안정적이고 부담 가능한 수준이어야 한다. 이를 위해서 다양한 기관들과 협력할 필요가 있다. 포이어를 운영하는 주택조합들 중에는 1인 가구나 2인 가구를 위한 사회주택을 제공하면서 이주를 지원하는 경우도 있다 Ward, 1997.

5) 재정 지원

포이어는 상당한 재원이 필요한 사업이다. 포이어는 건물이나 기타 시설을 건설하는 과정에 자본적 지출이 필요하고, 운영과 관련한 재정적인 지원도 있어야 한다. 양자에서 정부의 재정적 지원이 가장 중요하다.

포이어 건설 과정에는 토지가격과 건축비 등을 조달해야 한다.

포이어는 도심부에 위치하는 경우가 많은데, 이런 지역은 토지가격이 높다. 포이어는 디자인에 특히 신경을 쓴다. 그리고 유지비 부담을 줄이기 위해서 초기 비용을 더 투입하기도 한다. 초기 자금은 정부의 보조금, 민간의 기부금, 기타 지원으로 조달한다.

건설 재원의 특징은 나라마다 다른데, 저렴한 임대주택을 위한 정책적 지원을 활용할 수 있는가 여부에 따라 큰 차이가 있다. 영국의 경우 포이어에 대한 재정 재원은 사회주택과 마찬가지로 Homes and Communities Agency HCA에서 관리한다. 포이어와 관련한 자본적 지원의 핵심은 정부가 제공하는 사회주택보조금Social Housing Grant : SHG이다. HCA의 기금은 누구나 신청할 수 있는데, 주택의 소유자는 등록된 사회주택사업자Registered Social Landlords : RSLs여야 한다. 신청과 경쟁을 통하여 기금을 배분하는데, 평가 기준은 다음과 같은 내용을 포함한다.

- 프로그램의 제공 가능성
- 투자 대비 예상 성과
- 프로그램 목표의 적합성
- 지역의 전략적 우선순위 적합성
- 지속 가능성

2015년에서 17년 사이에 기금은 234개 주거공간을 신규로 제공하기 위해서 742만 파운드가 배분되었다. 한화로 약 100억 원 규모이고, 연간 약 50억 원을 투자한 것이다Homes and Communities Agency, 2015.

이에 더하여 다른 정부기구, EU의 사회기금, 로터리 등의 재원이 자본적 지출을 충당하기 위해서 이용된다. 사회주택을 포함하는 부담 가능한 주택에 대한 재원인 Shared Ownership and Affordable Homes Programme SOAHP의 지원을 받을 수도 있다. 보건부Department of Health에서 운영하는 재정 지원 프로그램으로 Platform for Life Fund도 이용된다.[5] 이 기금은 홈리스 상태이거나 불안정한 거처에서 생활하고 주거소요가 있는 청년들을 위한 공유형 중간 주택을 위한 것이다.

포이어의 운영 단계에는 주거비 보조Housing Benefit와 사회 서비스에 대한 정부 지원금이 가장 중요한 두 가지 재원이다. 포이어마다 재정적인 상황은 매우 다르다. 주거비 보조는 큰 차이가 없지만, 사회 서비스에 대한 정부 지출은 지방정부마다 상당히 다르고, 정권에 따라서도 변화했기 때문이다.

지원 서비스에 대한 추가적인 재원은 도시재생, 교육, 고용, 청년 등 여러 분야에서 확보되기도 한다. Single Regeneration Budget, Learning and Skills Councils, the Foyer Federation, the European Social Fund, Learn Direct, the Probation Service, Neighbourhood Renewal, Connexions 등이 그런 재원들이다. 일부 포이어는 비영리적이지만 상업적 활동으로 카페, 훈련기관, 소매점 등을 운영하면서 운영비의 일부를 충당하기도 한다.

....

5   https://www.gov.uk/guidance/capital-funding-guide/3-specialist-homes-for-older- disabled-and-vulnerable-people

많은 포이어를 공공과 민간의 협력으로 만들었지만, 장기적인 운영을 위해서 정부의 안정적인 재원은 필수적이다. 그래서 정부의 재정 지출의 변화는 지원 서비스를 제한하고 관리를 어렵게 하는 원인이 되기도 하고, 이 때문에 포이어들이 탈출 전략을 마련하기도 했다. 일반적으로 포이어에서 다른 지원주택으로 전환하는 것이 검토된다.

4. Aberdeen Foyer 사례

1) 허브와 분산된 거처

스코틀랜드의 Aberdeen Foyer는 홈리스 청년에게 주거와 교육, 훈련, 고용 기회를 이용할 수 있도록 돕는 지원주택사업을 위해서 1995년 설립되었으며, 첫 번째 포이어는 1998년 문을 열었다. 아동시설 퇴소자, 교도소 퇴소자, 약물이나 알코올 문제를 가지고 있거나 경험이 있는 사람, 학습장애나 정신보건 문제가 있는 사람 등 다양한 청년들이 도움을 받았다.[6]

Aberdeen Foyer는 Aberdeen과 주변 지역에 포이어를 설치했다. 중심 허브 포이어Trinity Foyer가 Aberdeen에 있고, 주변 지역인 Peterhead, Fraserburgh, Stonehaven, Banchory에 흩어져 있는 거처들을 네트워크로 연결하면서 서비스를 제공하고 있다. 2008년에

....

6   http://www.aberdeenfoyer.com/what-we-offer/housing-for-young-people/

는 6개의 입지에 136명까지 청년들이 생활할 수 있었다. 이후 시설과 운영 방식 변경으로 6개 입지에 80명 정도의 젊은이들이 이용할 수 있는 거처를 운영하고 있다.

거주자의 대부분은 주거비 보조를 받아서 임대료를 지불한다. 일을 하고 있는 거주자는 임금에서 임대료의 일부 혹은 전부를 낸다. 지원 서비스를 위한 예산은 2년마다 제공 여부를 결정하는 Supporting Person Grant를 통해서 확보한다.

2) 사회적 기업을 통한 일자리 제공

Aberdeen Foyer는 대체로 다른 포이어들과 유사한 방식으로 운영되는데, 여러 가지 상업적 활동을 하는 사업체를 운영하고 있는 것이 구분되는 특징 중 하나이다. 자회사로 Foyer Enterprises라는 사회적 기업을 통해서 카페, 레스토랑, 그래픽 디자인 서비스, 운전훈련사업, 부동산관리회사, 아이스크림 프랜차이즈 등을 운영하고 있다. 비영리조직은 영리적인 활동을 잘 관리하지 못하는 경우가 많다. 그래서 별도의 사업조직을 통하여 상업적 비즈니스를 운영하도록 하고 있다.

Aberdeen Foyer의 상업적 활동은 두 가지 목적을 가지고 있다. 하나는 포이어 사업을 지원하기 위한 수입원이고, 다른 하나는 포이어에 거주하는 청년들에게 훈련과 일자리 기회를 제공하는 것이다. 임차인들이 일을 구할 수 있고, 청년들이 보다 건강한 라이프 스타일을 가질 수 있게 돕는다. 또 지역사회에서 포이어가 차지하는 위상을 높이는 것도 중요한 역할로 여겨지고 있다. 사회적 기업의 수익을 통해서 전체 사업을 지원하는 역할이 중요한 부분을 차지하는 것은 아니다. 정부의 보조금과 추가적인 기금 확보가 훨씬 큰 비중을 차지한다.

3) 지역사회를 위한 서비스

주거를 제공하는 것 이외에도 다양한 서비스를 임차인들에게 제공하는데, Aberdeen Foyer가 제공하는 다양한 프로그램에는 지역사회 주민들도 참여할 수 있다. 이런 프로그램은 포이어가 직접 운영하기도 하고, 다른 조직들과 협력해서 제공하기도 한다. 임차인과 지역사회를 위해서 제공되는 프로그램은 다음과 같다.

- Lifeshaper : 약물 문제가 있는 이들을 위한 지역사회 재활 프로그램
- Progress2Work : 약물 경험이 있는 이들이 일을 구하는 것을 돕기 위한 고용지원
- Aberdeen Integrated Community Drugs Rehabilitation Service (ICDRS) : Aberdeen Joint Alcohol and Drug Action Team 이 지원하는 다수 기관의 통합 사업
- Outside In : City & Guilds 인증 임차인 중심 학습 프로그램
- Move-On : 자기 집을 구해서 이사하는 과정에 대한 포이어 경험자의 실질적 지원
- The Prince's Trust Team : 12주 자기 개발 프로그램
- Get Ready for Work : 다양한 영역의 직업 체험을 포함하는 16~18세 청년을 위한 고용 가능성 향상 프로그램

- **Training for Work** : 18세 이상 청년을 위한 직업 체험을 포함하는 고용 가능성 향상 프로그램
- **Young Carers Project** : 젊은 부모를 위한 개인 기술, 사회 기술, 고용 능력 향상을 지원하는 과정
- **Gateway to Work** : 구직 기술 관련 2주 집중 과정
- **Build & Train** : Aberdeen과 Aberdeenshire에 있는 건설업체의 숙련공 부족에 대응하기 위해서 만들어진 훈련과 취업 연계 프로그램
- **Platform to Work** : 석유, 가스 분야 구직을 위한 지원
- **Learning Houses** : 가족관계 학습을 지원하는 지역학습기관과의 네트워크 사업
- **Foyer Music** : 녹음과 리허설 스튜디오, 새로운 음악을 위한 라이브 쇼케이스 이벤트, 아웃리치 워크숍
- **Sorted Not Screwed Up** : 정신건강 및 복지 서비스
- **Foyer Health** : 보건 향상 프로그램

이런 프로그램은 기술 개발과 훈련을 통해서 입주자의 생활에 실질적이고 지속적인 영향을 주고자 하는 것이며, 동시에 지역사회의 필요에도 대응하는 역할을 한다. 이렇게 지역사회와 관계를 맺고 개방적으로 포이어를 운영하는 것은 청년들이 지역사회에서 더 적극적인 역할을 하도록 하는 의도를 가지고 있다. 한때 사회의 한계적인 상황에 처해 있었던 청년들이 지역사회에 긍정적으로 참여하고 기여할 수 있도록 촉진하는 건강하고 창조적인 방식의 지원을 제공하고 있다.

5. 맺으며

홈리스 중에는 특별한 주거 정책이 필요한 집단이 있고, 그런 집단 중 하나가 청년 홈리스이다. 홈리스 청년들의 문제는 초기에 적절한 방식으로 개입해서 장기간 홈리스 생활하지 않도록 할 필요가 있다. 그리고 중장년 홈리스가 주로 이용하는 서비스를 통해서 청년 홈리스 문제에 대응하는 것은 적절하지 않다.

청년 홈리스는 통계에 잘 잡히지 않는다. 그 규모가 늘어나고 있다는 느낌은 있지만 수치로 언급하기는 쉽지 않다. 이런 현상은 외국에도 마찬가지이다. 뉴욕시의 경우 공식적인 통계에서는 동절기 특정한 날의 야간에 71명의 청년 홈리스를 확인했다고 하지만, 전문가들은 그 수가 5,000명에 이를 것이라고 한다. 미국 전체로는 매년 100만 명에서 160만 명의 청년들이 홈리스 상태를 경험한다는 추정도 있다. 확인되는 것보다 훨씬 더 문제의 규모는 심각하고, 청년 홈리스는 상대적으로 파악하기 어려운 집단인 것은 분명하다.

우리나라에서도 청년 홈리스 문제의 심각성을 지적하는 몇 가지 연구들이 나타나고 있다. 정책이나 실천 영역에서 아직 이 문제에 적극적으로 대응하지 않고 있는 것은 청년 홈리스와 상황이나 이 문제를 방치했을 때 나타날 사회적인 부담을 고려할 때 안타까운 일이다.

영국에서 포이어는 어려운 상황에 처한 청년들을 지원하는 효과적인 방법이라고 포이어의 성과를 보여주는 여러 가지 지표들이 있다. 25%의 청년들이 포이어에 거주하면서 처음으로 자격증을 취득하고 있다. 72%의 청년들은 포이어를 나올 때 일을 하거나 훈련을 받고 있다. 국제적으로도 거주자의 75% 정도는 풀타임 일자리를 가지거나 대학에 진학해서 포이어를 떠난다DHCS, 2010.

포이어는 다른 지원을 받을 경우와 비교하면 비용 대비 효과적인 사업이라고 여겨지고 있다. 포이어 제공 비용은 기관마다 매우 다르지만 중간 값은 매주 1인당 218파운드(평균은 239파운드)이다. 이 중에서 개인이 지불하는 돈은 주당 20~30파운드 정도이다. 다른 형태의 서비스로 CORE and Supporting People 결합 모델의 평균 비용은 주당 303파운드, Secure Training Centres는 3,168파운드, Young Offender Institutions는 976파운드 등이다. 포이어가 없었다면 아마 이런 기관들을 통해서 서비스를 제공해야 할 것이다Lovatt & Whitehead, 2006.

전반적으로 포이어는 목적에 부합하는 성과를 거두고 있으며, 효율적인 투자로 여겨지고 있다. 그래서 영국을 비롯한 여러 나라에서 포이어는 청년 홈리스 문제에 대응하기 위한 중요한 수단으로 여겨지고 있고 계속 확산되고 있다. 포이어를 우리 상황에 맞게 적용하기 위한 시도를 해볼 필요가 있다.

:: 참고문헌

Deborah Quilgars & Isobel Anderson (2013), Foyers and youth homelessness & unemployment, Roger Burrows, Nicholas Pleace, Deborah Quilgars eds., *Homelessness and Social Policy*, Routledge.

Department of Disability Housing and Community Services(DHCS) (2010), Youth Foyer Proposed Model Paper.

Hillman, S.(2010), The Foyer Federation : aiming to transform the institutions and policies that currently help young people, *Criminal Justice Matters*, 80, 1, pp.40~41.

Homes and Communities Agency (2015), Notice : Homelessness Change and Platform for Life Funds 2015 to 2017 : allocations(2015.12.22).

Lovatt, Roland & Christine Whitehead (2003), The British Foyer Experiment-10 Years On, CHPR-University of Cambridge Foyer Paper-Ver. 0.2-10/04/2003.

Lovatt, Roland & Christine Whitehead (2006), *Launch pad for life : An assessment of the role of foyers in housing association provision*, Housing Corporation.

Quilgars, Deborah and Isobel Anderson (1995), *Foyers for young people*, Joseph Rowntree Foundation.

Randolph, B., Pang, L. and Wood H. (2001), 'Evaluating the Miller Live 'N' Learn Campus Pilot,' A positioning paper prepared for the Australian Housing and Urban Research Institute AHURI UNSW/UWS Research Centre.

Steen, Adam and David Mackenzie (2013), *Financial Analysis of Foyer and Foyer-like Youth Housing Models*, Swinburne University.

Taylor, H., Stuttaford, M., Broad B. and Vostanis, P. (2006), Why a 'roof' is not enough : The characteristics of young homeless people referred to a designated Mental Health Service, *Journal of Mental Health*, 15, 4, pp.491~501.

Victorian Government (2010), Enhanced Accommodation and Support Models for Young People, Discussion paper.

Ward, Colin (1997), *Haven and Springboards : The Foyer Movement in Context*, Calouste Giubenkian Foundation.

영국의 청년층 주거 지원 조직 : Unipol

영국의 청년층
주거 지원 조직 :
Unipol

1. Unipol 개요

Unipole(유니폴)은 1975년에 설립된 조직으로, 청년 대학생들의 주거문제를 해결하기 위한 다양한 활동을 수행하고 있는 학생주거지원단체student housing charity[1]다. 공간적으로는 영국 중부의 Leeds, Bradford와 Nottingham 지역에서 학생들의 주택 및 주거 문제 해소를 위한 활동을 수행하고 있으며, 리즈대학University of Leeds, 브래드포드대학University of Bradford 등 Leeds, Bradford와 Nottingham 지역의 주요 대학들이 유니폴의 이사진으로 참여하고 있다. 유니폴은 해당 지역의 대학들 중 유니폴과 연계되어 있는 대학의 학생들이 편안하고 저렴하게 거주할 수 있는 주택을 제공함으로써 이들 대학의 학생들이 보다 나은 교육적인 성취를 이루도록 돕는 것

....

1   charity는 원래 구호 또는 자선단체를 뜻한다. 비영리 지원 단체로서 자선 혹은 구호의 개념을 일부 가지고는 있지만, 기본적으로 Unipol은 비영리단체로 학생들의 주택문제를 다양한 부분에서 지원하는 역할을 하고 있기 때문에, 여기에서는 charity를 '지원 단체'라는 용어로 번역하여 사용하였다.

을 목표로 하고 있다. 구체적인 활동으로는 주택소유자와 거처를 구하는 학생을 연결해주는 민간임대주택 중개부터 직접 주택을 관리하면서 이들 주택을 학생들에게 임대하는 임대사업까지 수행하고 있다. 이에 더해 학생들의 주거 향상을 위한 다양한 연구조사 활동, 주택과 관련하여 어려움에 봉착한 학생들을 위한 상담, 대학생 대상의 주택정책 개발 및 조언, 학생주택 관련 인증을 위한 기준 제시, 바람직한 주거를 위한 정보 제공 등 대학생들의 주거문제를 지원하기 위한 종합적 활동을 하고 있는 조직이다.

자료 : Unipol Homepage(http://www.unipol.org.uk/home)

그림 1 Unipol의 로고

유니폴은 조직의 핵심 가치로 다음과 같이 7가지를 들고 있다.

- **To be trusted** : 좋은 집을 구하고자 하는 학생들과 좋은 집을 제공하고자 하는 임대인들 양쪽 모두에게 도움과 조언을 해주는 조직으로서, 또 학생들이 좋은 주거생활을 영위할 수 있도록 기여하기 위해서 유니폴은 높은 신뢰성을 가져야 함
- **To be impartial experts** : 지난 40년간 학생들이 원하는 집을 적정가격에 구할 수 있도록 조언과 활동을 해왔던 기관으로

서 고객대학생들이 그들에게 적절한 좋은 주택을 구입하는
데 도움을 줄 수 있는 공정한 전문가가 되어야 함

- To provide value for money : 고객 대학생들에게 최고의 퍼스
  트 클래스 서비스를 제공한다는 노력으로, 그리고 최신 기술
  을 활용하여 편리하게 다양한 정보에 쉽게 접근할 수 있도록
  하여 집을 구하는 대학생들의 다양한 선호에 맞는 가성비 높
  은 주택을 제공하고자 함

- To promote safety and wellbeing : 주택이 기본적으로 갖추어
  야 할 사항과 주택의 질 등을 미리 표준화하여 체크하는 체계
  를 구축하여 학생들이 마음 놓고 학업에 정진할 수 있도록 주
  택에서 안전하고 편리한 주거생활을 할 수 있어야 함

- To promote community : 고등교육을 받는 대학생들이 국제
  사회의 일원으로서 개인의 평등과 문화적 다양성 등에 대한
  긍정적 사고를 고무시킬 수 있도록 지역사회를 강화하고 활
  성화시키기 위해 노력해야 함

- To be ethical : 유니폴에서 일하는 직원들의 능력과 가치를
  키우는 일에 투자하고, 적절한 임금을 주며, 세입자 대학생들
  에게 적절한 생활환경을 유지하는 범위 내에서 환경 보호와
  지역 생산품 이용이 가능한지에 대한 정보를 제공하는 등의
  활동을 통해 윤리적인 조직이 되고자 함

- To be transparent and accountable : 채리티 조직으로서 가능
  한 한 투명하고 깨끗한 열린 운영을 위해 책임을 다해야 함

앞에서 살펴본 것과 같이 유니폴은 신뢰받는 조직이자 전문가로
서 다양한 대학생들의 요구에 부응한 적절하고 좋은 주택을 찾을
수 있도록 하기 위해 지향해야 할 것을 조직의 7가지 핵심 가치로
제정하고 있다.

이를 바탕으로 유니폴에서는 현재 리즈와 브래드포드, 노팅험지역에서 다양한 유형과 규모의 주택을 지역별로 제공하고 있으며, 현재 약 3,000명 이상의 학생들이 비영리 목적의 유니폴이 관리하는 주택에서 거주하고 있다. 그리고 유니폴 홈페이지http://www.unipol.org.uk/home를 통해 현재 학생들이 구할 수 있는 주택을 지도상에서 사진과 함께 자세한 정보를 제공하는 등 실질적인 학생주택 임차 지원활동을 하고 있다.

2. Unipol의 주요 활동

앞서 언급한 바와 같이 유니폴은 영리를 목적으로 하지 않는 다양한 대학생주택 중개 및 관리, 임대활동을 하고 있으며, 이에 더해 대학생들의 주거문제와 관련한 조사와 연구, 다양한 주거문제 관련 조언 및 정보 제공 활동 등을 종합적으로 수행하고 있다. 이에 여기에서는 위에서 언급한 유니폴의 주요 활동에 대해서 보다 자세히 살펴보고자 한다.

1) 학생주택 중개

유니폴은 영리를 추구하는 기관이 아닌 만큼, 대학생들에게 중개를 하거나 임차를 줄 때 수수료를 받거나 숨겨둔 비용을 요구하지 않으며, 홈페이지나 유니폴 오피스를 방문한 학생의 선호와 요구조건에 맞추어 적절한 주택을 중개해주는 역할을 수행하고 있다. 이러한 대학생주택 중개는 홈페이지의 경우 다음과 같이 3단계로 이루어진다.

먼저 거주주택을 검색하는 대학생이 자신이 거주할 지역을 3개 도시 중에 선택해야 한다. 이는 그림 2에서 표시된 3개 도시 중 한 도시를 선택하는 단계로 이해될 수 있다.

두 번째로, 도시를 선택한 뒤 검색조건을 설정한다. 대학생들이 자신의 라이프스타일을 고려한 적절한 주택을 빠르게 검색할 수 있도록 다양한 검색조건을 제공한다. 구체적으로는 원하는 주택 유형, 가격대, 지역, 임대인 유형(대학교, 유니폴 또는 일반 임대인), 방수, 소속 학교와의 거리, 이전 거주 학생의 평가 등을 검색 조건으로 설정하여 검색할 수 있다. 좀 더 자세한 검색조건 설정도 가능한데, 가스와 전기 등 제세공과금bill의 포함 여부, 욕실 여부, 층수, 자동차 및 자전거 주차 공간, 휠체어 접근성 여부 등도 설정할 수 있게 되어 있다.

마지막으로 검색조건을 설정하여 검색하면 지도상에 매물이 매물의 대표적인 정보와 함께 표시가 된다. 화면 왼쪽에는 유니폴이 직접 관리하는 주택의 경우 유니폴 코드 표시와 함께 대표사진이 뜨며, 스크롤을 하면 아래에는 일반 임대인이 등록한 매물까지 표시된다. 해당 물건을 선택하면 물건에 대한 자세한 정보와 사진을 보고 주변 편의시설, 주택시설, 평면도, 보안시설, 에너지성능등급 등 해당 주택에 대한 자세한 정보를 구득할 수 있도록 구성하고 있다. 구체적으로는 해당 주택이 속한 건물 정보, 와이파이와 공동 세탁실 유무 등 해당 건물의 주요 편의시설, cctv 등 방범시설 설치 여부, 난방방식과 이중창 등 단열관련 시설 현황, 화장실, 주방 및 거실 등 주택 구조 및 평면도, 에너지효율등급 등에 대한 상세한 정보를 모두 제공한다. 이런 정보를 바탕으로 집구경Viewing을 하거나 온라인에서 임차계약을 바로 체결할 수 있도록 구성되어 학생들의 선호에 따라 편의성을 극대화할 수 있도록 구성하였다.

1단계 : 해당 도시 선택

2단계 : 검색조건 설정(예시 : 가격, 주택 유형 등)

그림 2 Unipol의 학생주택 중개 화면

2단계 : 검색조건 설정(예시 : 가격, 주택 유형 등)

그림 2 Unipol의 학생주택 중개 화면(계속)

유니폴은 Leeds 등 3개 도시에서 대학생주택 전문 조직으로 시장에서 확고한 평판을 확보하고 있다. 이에 학생주택을 임대하고자 하는 임대인들도 유니폴을 통해 임대주택을 등록하고 중개하고자 하는 경우가 증가하고 있다. 일례로 2018년 7월 기준 Leeds 한 도시에서만 현재 입주 가능한 3,200건의 임대물건이 등록되어 있다. 실제 유니폴이 Leeds를 포함한 도시의 주요 대학과 그 대학의 학생회와도 긴밀한 연계가 되어 있기 때문에 대학생들이 주택문제와 관련한 많은 부분을 유니폴에 의존하거나 문의하고 있으며, 비영리조직이란 특성으로 높은 신뢰도를 가지고 있어 임대인에게도 매력적인 관리인으로 자리매김하고 있다.

유니폴에 임대물건을 등록하고 싶은 임대인은 홈페이지에서 자신의 계정을 만든 후 멤버가 되기 위한 일정액의 수수료를 지불하고, 매물과 관련한 다양한 정보들을 입력하는 형태로 유니폴에 물건 등록을 할 수 있다. 이 과정에서 유니폴이 제시하고 있는 기준 등에 적합한지 등에 대한 평가를 통해 해당 주택이 유니폴 기준에 맞을 경우 Unipol Code를 부여하여 해당 주택에 대한 신뢰를 가질 수 있도록 인증해주고 있다. 그리고 임대인이 유니폴 멤버가 되면 유니폴 홈페이지와 오피스를 통한 홍보, 해당지역 주택 및 임대시장 관련 조사보고서 제공, 분쟁조정 등 다양한 부가 서비스를 제공받을 수 있다.

2) 학생주택 관리 및 임대

유니폴은 일반 임대인과 대학생 임차인 간 중개뿐만 아니라 직접 주택을 관리·임대하는 역할도 수행하고 있다. 직접 관리하는 주택의 유형은 다음 리스트에 나타나는 바와 같이 매우 다양하다.

- University Allocated Rooms
- Larger Developments
- Family Housing
- Couple Properties
- A-Level results
- Summer Lets with Unipol
- Postgrads, Study Abroad, Mature and International Students
- Non-Students and Professionals
- Students with Disabilities
- Rent accommodation online
- Shared Student Houses

자료 : Unipol Homepage(http://www.unipol.org.uk/home)

그림 3 Unipol이 직접 관리하는 다양한 주택

Carlton Hill Residences, Carlton Hill, City Centre, Leeds, LS7
Townhouse accommodation located across from the main campus' ... See more
Fully let

Shared Flat Lively

1 - 48 Grayson Heights, Kirkstall, Leeds, LS4
A friendly community of postgrads and families ... See more
Fully let

Family Shared Flats

109 Becketts Park Drive, Headingley, Leeds, LS6
7 bed property in Headingley near Beckett Park and the shops and restaurants on Otley Road ... See more
7 rooms fully let

Open plan Garden Homely

43 Richmond Avenue, Hyde Park, Leeds, LS6
6 bed shared house located off Victoria Road ... See more
6 rooms fully let

Shared Spacious Sociable

자료 : Unipol Homepage(http://www.unipol.org.uk/home)

그림 4 Unipol이 직접 관리하는 다양한 유형의 주택 전경

먼저 유니폴과 연계된 대학교 기숙사의 경우 해당 기숙사에 입소할 학생 지정권은 대학교가 가지고 있으며, 유니폴은 이들 주택에 대한 관리 업무를 수행한다. 따라서 입소 신청은 대학 당국에 하고, 입소 이후 임대료 납부, 하자보수 등 주택관리와 관련한 모든 사항은 유니폴이 수행한다.

다음으로 유니폴이 주택배정부터 관리까지 총괄하는 대학생주택들이 있다. 이들 주택은 대형 주거빌딩에서 소형 주택까지 다양한 유형이 있으며, 이들 주택에 대해 유니폴은 관리주체로서 임대계약부터 관리까지 모든 업무를 수행하고 있다. 대부분의 유니폴 주택은 도심의 대학 주변지역에 입지해 있으며, 일부는 상대적으로 외곽의 주거지에 입지하고 있어, 대학생의 선호에 따라 도심의 편의성을 선호하거나 외곽의 쾌적한 주거환경을 원하는 선호에 맞추어 주택을 선택할 수 있도록 입지적으로도 여러 옵션을 제공하고 있다.

3) 대학생 주거 기준 정립 및 인증(Code 내용 자세히 포함)

유니폴은 'Unipol Code'로 명명된 청년 대학생 주거기준을 정립하여 인증제도를 운영하고 있다. Unipol Code는 청년층 대학생들의 적절한 주거생활을 영위하기 위해 필요한 주택 시설 및 운영 기준을 제정한 것이다. Unipol Code를 제정할 때에는 대학교와 대학교 학생회가 적극적으로 참여할 수 있도록 하여 관리자 측 입장과 학생 측 입장이 적절하게 조율되어 합리적인 기준이 제정될 수 있도록 하였다.

유니폴은 Unipol Code를 통해 임대인과 임차인에게 명확한 기준을 제시함으로써 양측 모두에게 다양한 편리성을 부여할 수 있도록 설계하였다.

자료 : Unipol Homepage(http://www.unipol.org.uk/home)

그림 5 Unipol Code 로고와 National Code 로고

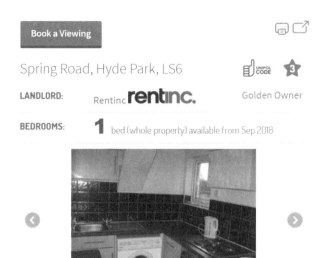

자료 : Unipol Homepage(http://www.unipol.org.uk/home)

그림 6 Unipol 코드 인증 주택에 대한 소개화면 예시

먼저 유니폴 멤버 임대인들은 자발적으로 이를 충족시키기 위해 노력하도록 유도하고 이를 충족할 경우 자신의 임대주택에 자부심을 가질 수 있도록 하고, 학생들은 보다 나은 적정주거환경에서 거주할 수 있도록 유도하는 기준으로 작동되도록 하였다. 인증받은 주택에 대해서는 임대인이 유니폴 코드 인증 마크를 사용할 수 있는 권한을 부여하여 임대시장에서 경쟁력을 가질 수 있도록 인센티브를 제공하는 한편, Unipol Code를 인증받은 주택에 대해서는 대학생들이 안심하고 거주해도 되는 양질의 주택이라는 확신을 주고, 만약 주거와 관련한 분쟁이 생겼을 경우 학생들이 참고할 수 있는 근거로 활용될 수 있게 하였다.

Unipol Code는 크게 세 가지 부분에 대한 기준을 제시하고 있는

데, 주택의 물리적 상태, 주택 관리, 임대인과 임차인의 관계가 그
것이다. 구체적인 기준으로 계약 시 계약 일자, 금액, 입주 일자,
임대료 납부 일자의 명확한 설정, 표준화된 계약서 작성 여부, 학
생이 필요한 책상과 침대, 옷장 등 기본적인 가구의 구비, 부엌시
설의 청결성과 필수 구비 기구, 화장실 설비 기준, 입주 전 청소 의
무, 주택에 대한 점검 시 사전 고지, 관리자의 최소 3개월에 1회 이
상의 정기 방문 규칙, 임차인에게 관리인 긴급 연락처 제공, 주택
보수 관련 규정(긴급한 수리를 요하는 항목은 24시간 이내, 시급
한 항목은 5일 이내, 시급을 요하지 않는 사항은 28일 이내 수리 시
행) 등 광범위한 사항에 대해서 기준을 제시하고 있다.

표 1 Unipol Code for Shared Student Housing의 화장실 설비 기준

No. of Occupiers	No. of Separate WCs	No. of Bathrooms with WC
Up to 4	0	1
5	1	1
6	0	2
7	0	2
8	0	2
9	1	2
10	1	2
11	0	3
12	0	3
13	0	3
14	0	3

자료 : Unipol, Unipol Code for Shared Student Housing in the Private Rented Sector,
2015~2018

유니폴에서 실제 적용하고 있는 Code는 세 가지 종류가 있다. 첫
번째는 셰어하우스에 대한 기준, 두 번째는 주인이 거주주택의 일
부분을 임대하는 주택에 대한 기준, 마지막으로 교육 법인이나 민

간 임대업체가 공급·관리하는 대형 학생 주거용 건물에 대한 국가 기준National Code[2]이 그것이다. 각각의 임대주택별로 해당되는 Unipol Code를 통해 유니폴이 인증을 해주고 있다. 인증받은 주택은 학생들이 안심하고 입주할 수 있는 검증된 주택이라는 의미와 함께, 입주 후 주거 관련 문제가 발생할 경우 유니폴이 Unipol Code에 근거하여 문제를 해결할 수 있도록 하였다.

Unipol Code를 인증받은 주택은 이후에도 지속적으로 기준에 부합하게 주택시설이 유지되고 관리가 이루어지고 있는지 확인받는 과정을 거친다. 임대인이 소유한 주택들을 최소 5채 중 1채 비율로 랜덤으로 선정하여 3년간 계속적으로 Unipol Code에 부합하는지를 체크하고, 정기적으로 임차인에게 설문조사와 전문 인력의 주택에 대한 실사를 바탕으로 보고서를 작성한다. 이를 유니폴 내 조직된 감사위원회를 통해 검토하여 인증 지속 여부를 결정한다. 그리고 이 기준과 관련한 주택 분쟁이 발생했을 경우 이에 대하여 판정을 내릴 수 있는 심사위원회The Unipol Tribunal를 구성해두고 있다. 이들은 임대인의 기준 준수 여부를 조사하여 주택관리 개선 권고에서부터 인증 취소까지 여러 처분을 내릴 권한을 가진다.

4) 청년 주거 관련 조사 및 연구

유니폴은 설립 후 다양한 청년 대학생들의 주거에 관한 조사 연구를 수행해왔다. 그 대표적인 것이 '주거비 조사'이다. 이 연구는 유

....

2   이 중 National Code의 경우 유니폴이 자체적으로 제정하는 것이 아니라 국가 차원에서 대형 학생 주거용 건물, 즉 기숙사에 대해서 최소한으로 갖추어야 할 기준으로 제정된 것이다.

니폴과 NUS National Union of Students(전국 학생 연합)이 약 35년간 수행해온 조사 연구로, 영국 내 청년 대학생들의 주거 양식 중 특히 기숙사purpose-built student accommodation와 관련한 여러 항목을 조사하여 보고서로 발행해오고 있다. 가장 최근에는 2014~2016년간 주거비를 조사한 결과를 담고 있는 '기숙사 비용 조사 14-16 Accommodation Cost Survey 14-16' 보고서가 발간되었다.

주요 내용을 살펴보면 기숙사 주거비 변화 양상, 지역별 기숙사비 격차, 학비 대출 가능 금액 대비 임대료 부담 정도 등 대학생 기숙사에 거주하는 학생들의 주거비와 주거비 부담을 포함하는 다양한 항목을 조사하여 결과를 제시하고 있다.

조사결과에 대해서 개괄적으로 살펴보면, 기숙사 임대료는 2006년 이후 지속적으로 상승하였으며, 2016년까지 10년간 80.7%가 올라 기숙사 비용이 매우 가파르게 상승한 것으로 나타났다. 2015~2016년 사이 1년 동안은 평균 1주일당 임대료는 £140.49에서

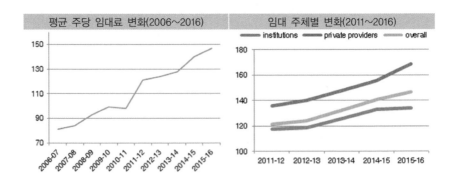

자료: Unipol, Accommodation Cost Survey 14-16

그림 7 영국의 학생 기숙사 임대료 변화

£146.73으로 4.4%가 상승한 것으로 조사되었다. 임대 주체별로 살펴보면, 교육기관에서 제공하는 기숙사의 평균 주당 임대료는 £134.23인 반면, 민간 임대업체가 관리하는 기숙사의 평균 주당 임대료를 £168.94로 나타나 임대 주체별 임대료 격차가 약 25% (£18.29) 수준에 이르는 것으로 분석되었다. 이뿐만 아니라 임대료 상승 속도에서도 교육기관이 임대하는 기숙사보다 훨씬 가파른 속도로 임대료를 올리고 있는 것으로 나타났다.

이러한 학생 기숙사 임대료 상승은 인플레이션 지수와 비교해서도 상대적으로 높은 수준으로 분석되었다. 다음 그림에서와 같이 인플레이션을 감안한 임대료 수준보다 높은 수준을 거의 매년 기록하고 있어, 상대적으로 기숙사 임대료의 과도한 상승 폭을 의심할 수 있다. 특히 교육기관이 임대하는 기숙사보다 민간이 임대

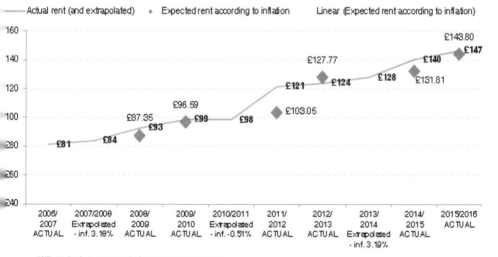

그림 8 인플레이션을 반영한 영국 학생 기숙사 임대료 변화 대비 실제 변화 양상 비교

자료 : Unipol, Accommodation Cost Survey 14-16

하는 기숙사의 상승 폭이 더 높게 나타났다는 점을 감안할 경우 민간업체가 임대하는 임대료가 상대적으로 과도한 상승 폭을 기록하는 것으로 해석될 수 있다.

영국의 지역별 기숙사 임대료 격차도 큰 것으로 나타났다. 기숙사 임대료가 가장 비싼 지역은 런던지역으로 평균 £226로 나타나 가장 낮은 웨일지 지역(£118)의 거의 2배에 육박하는 것으로 나타났다. 전반적으로 민간업체의 임대료가 상대적으로 높은 것으로 나타났으나, 요크셔 지역과 이스트미들랜드 등 일부 지역에서는 오히려 교육기관 임대료보다 더 저렴한 것으로 조사되었다.

학생주택에 대한 인증제도 시행 여부를 조사한 결과, 지방 정부 등에 의해 운영되는 제도에 따른 인증제도가 대부분 운영되고 있었으나, 해당 지역 내 아무런 인증제도가 운영되지 않고 있다는 응답도 21%가 나타나 이에 대한 정책적 대응 필요성을 제기하였다.

이 외에도 유니폴이 NUS와 공동으로 조사·분석한 이 보고서에서는 학생 기숙사 시장의 현황과 전망, 그리고 신규 투자 시 고려해야 할 사항, 에너지 사용과 관련한 통계, 정책적인 제안 등 학생 기숙사와 관련한 다양한 조사를 시행하여 관련 자료를 분석하여 의미 있는 자료를 제공하고 있다. 그리고 이 외에도 Leeds, Bradford 등 지역별 임대시장 분석 보고서를 출간하는 등 학생들의 주거와 관련한 활발한 조사·연구 활동을 수행하고 있다.

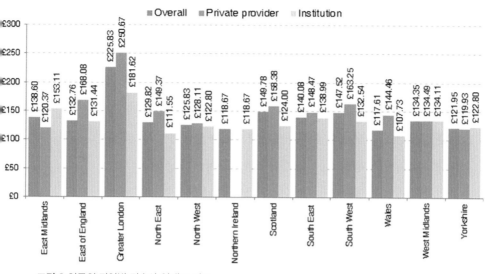

그림 9 영국의 지역별 기숙사 임대료 비교

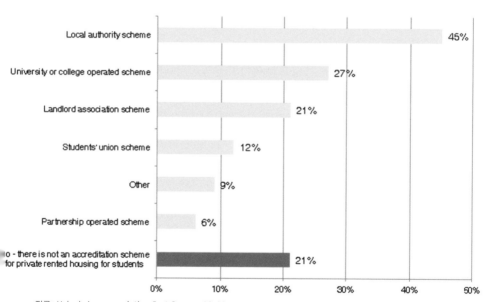

자료 : Unipol, Accommodation Cost Survey 14-16

그림 10 영국의 지역별 기숙사 임대료 비교

3. Unipol의 조직 구조

유니폴에서 조직상 가장 중요한 기구는 이사회이다. 유니폴은 앞서 언급한 바와 같이 Leeds 등 3개 도시의 주요 대학과 연계하여 설립된 비영리조직이기 때문에 이사회 또한 이들 대학 본부와 학생회 등의 조직이 이사회 멤버를 추천하도록 구성되어 있다. 이에 각 조직이 이사를 추천하여 선임하거나, 조직 내 보직자가 직접 이사회 멤버로 참여하고 있다. 예를 들어, 현재 이사회 부의장은 University of Leeds의 학생 주거 담당 부서장이며, 리즈베켓대학 학생회의 학생복지 및 커뮤니티 담당 부책임자Vice President Welfare and Community Leeds Beckett Students' Union, 리즈대학 학생회의 커뮤니티 담당관 등이 이사회 멤버로 참여하고 있다. 이러한 이사회 구성을 통해 기숙사 서비스 제공자 측인 대학과 임차인을 대표하는 학생회 측이 모두 참여하여 양측의 이익의 균형을 유지할 수 있도록 하여 임대인과 임차인(대학생 등) 모두로부터 신뢰받을 수 있는 조직운영을 해나가고 있다.

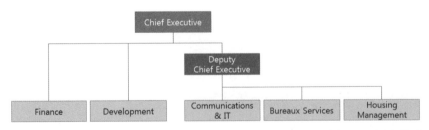

자료 : Unipol Organization Map을 참조하여 저자가 재구성

그림 11 Unipol 조직도

유니폴의 사업시행조직은 위 그림에서 보여주는 바와 같이 최고경영자를 중심으로 최고경영자 직속 부서와 부책임자를 두고 있으며, 부책임자는 산하에 3개 부서를 관장하고 있는 형태로 이루어져 있다. 최고경영자 직속 부서는 유니폴 코드를 개발하고 이를 기반으로 인증작업을 수행하는 업무와 행사 기획 등의 업무를 수행하는 개발부서와 임대료 관리 등 재정을 담당하는 재정부서가 있다. 부책임자는 행정관리 업무를 중심으로 3개 부서를 관장하고 있으며, 홈페이지 개발 및 관리, 웹기반 서비스 툴 제공 등을 담당하는 통신 및 IT 부서, 일반 행정업무를 담당하는 사무국, 임대 및 주택 관리를 담당하는 주택 관리 부서를 두고 있다.

4. Unipol의 중장기 계획(2015~2018)

유니폴이 설립된 지 40년이 지나면서 대학 등록금이 도입되고, 최근 가파르게 상승하는 등 청년 대학생주택과 관련한 여건도 크게 바뀌었다. 이에 Charity 조직으로서 설립 당시부터 지켜온 유니폴의 핵심 가치를 이어가면서 이러한 여건 변화에 효율적으로 대응하고, 경쟁이 심화된 학생주택임대사업 분야에서 수익과 지출의 균형을 유지하기 위한 목적으로 유니폴은 2015년부터 2018년까지 3년간의 중장기 계획Forward Look을 세워 발표하였다.

이 계획에서는 8가지 핵심 전략 목표를 다음 그림에서와 같이 제시하고 있다. 구체적으로 살펴보면, 청년 대학생의 주거 수준 향상을 위한 유니폴의 가치와 기준, 유니폴 코드와 인증제도를 확산시키고, 페이스 북, 위챗, 트위터 등 다양한 홍보수단을 활용하여 주거의 허브로 만들어나가며, 청년 학생 세대의 이용 편의성을 높이기 위해 보다 나은 모바일 및 인터넷 기반 서비스를 제공해나가고, 고객의 의견을 폭넓게 반영하기 위해 학생의 참여를 확대하며, 경쟁이 심화된 학생주택임대사업 분야에서 수익과 지출의 균형을 유지하기 위해 재무 관리와 계획을 개선하고, 수요의 다양화와 변화에 부응하기 위해 학생주택 포트폴리오를 향상시키며, 비영리 학생 주거 지원 조직으로서 투명성을 확보하기 위해 활발하고 많은 이들이 참여하는 거버넌스를 구축하는 것을 8가지 핵심 전략목표로 설정하였다.

자료 : Unipol Homepage(http://www.unipol.org.uk/home)

그림 12 Unipol 중장기 전략 목표

유니폴은 2018년까지 3년간 이러한 핵심 전략 목표를 달성하기 위해 노력을 기울일 것이며, 이를 통해 발전된 IT 기술 적용을 통한 입주 학생들에 더 가까이 다가서고, 조직원들이 자연스럽게 조직의 가치와 목표를 달성할 것으로 기대된다. 또한 이러한 모든 변화에 우선하여, 유니폴은 Charity 조직으로서 기본 가치와 미션을 최우선적으로 지켜야 함을 강조하면서 지금까지 쌓아온 신뢰를 바탕으로 다진 확고한 위치를 다져왔음을 강조하고 있다.

5. 종합 및 시사점

지금까지 영국 청년 주거 지원 조직인 유니폴Unipol의 주요 활동과 향후 계획에 대해 살펴보았다. 위에서 살펴본 여러 내용을 종합해보면 다음과 같이 크게 5가지의 시사점을 도출할 수 있다.

첫째, 유니폴은 청년 대학생주택 중개에서부터 관리 및 직접 임대, 관련 조사 연구, 학생 주거 기준 제정과 다양한 상담 서비스 등을 모두 수행하는 종합적인 청년 대학생주택 전문 조직으로 확고하게 자리매김하고 있었다. 단순한 임대매물 중개나 관리만을 담당하는 것이 아니라 관련 조사 및 연구, 청년 대학생 주거 기준 제정 등 대학생주택 및 주거와 관련한 종합적인 역할을 수행하면서 이 분야에서 필요한 종합적인 전문성을 갖춘 기관으로 확고한 위치를 확보하고 있음을 알 수 있었다.

둘째, 청년 학생의 주거 기준을 제정하여 청년 대학생과 임대인 모두가 원원할 수 있는 구조를 만들어나가고 있었다. 학생들이 거주할 수 있는 다양한 유형별로 그에 해당하는 주거기준으로 Unipol Code를 제정하고 이를 인증해주는 역할을 수행할 뿐 아니라, 이의 확대 적용 및 활성화를 의욕적으로 추진함으로써 인증제도를 통한 대학생주택의 질 향상, 임대인과 임차인의 신뢰도 제고와 갈등 완화, 질 높은 주택을 제공하는 임대인의 주택에 대한 선호도 향상 및 마케팅 지원 등을 통해 학생과 양질의 서비스를 제공하는 임대인이 모두 긍정적인 결과를 얻을 수 있는 구조를 만들어가고 있었다.

셋째, 비영리 charity 조직으로서 학생과 임대인 모두로부터 신뢰받는 기관으로 자리매김하고 있었다. 이사회를 학교와 학생회 등 이해관계자들이 모두 참여할 수 있도록 구성함으로써 비영리 학생 주거 지원 단체로서 신뢰성을 임대인과 임차 대학생 모두로부터 확보하였으며, 실제 임대인과 임차인 모두에 이익이 되는 다양한 활동을 함으로써 신뢰를 확보하게 되었음을 알 수 있었다.

넷째, 전문성을 바탕으로 관련 조사 및 연구, 정책 제안 등 활발한 사회적 활동을 수행하고 있었다. 대학생 기숙사 임대료 등에 대한 광범위한 조사 연구 등을 통해 현재 관련 문제점과 향후 방향성을 제시하는 등 대학생 주거 지원 전문기관으로서 역량을 확보할 수 있는 중요한 조사 연구를 직접 수행하고 있었다. 이를 통해 조직의 향후 전략과 시장 대응 방향, 임대인 멤버에 대한 정보 제공 등 Unipol의 주요 사업과 연계하여 적절하게 활용하고 있었으며, 청년 학생 주거 기준 제정 확대 등의 정책 제안도 활발하게 수행하고 있다.

다섯째, 주거 부문에서 지속 가능성에 기여할 수 있는 부분을 지속적으로 찾아 관련 활동을 수행하는 등 바람직한 사회적 가치를 확산시키기 위한 노력을 지속하고 있었다. 예를 들어 주거 부문에서 에너지 사용과 관련하여 환경 부담을 최소화하고 지속 가능한 발전을 도모하기 위해 에너지 사용 가이드와 조언을 지속하는 등 현재 사회에서 필요한 가치와 행동을 확산시키기 위한 노력을 주거와 연계하여 계속하고 있었다.

이처럼 영국의 청년 주거 지원 조직으로서 Unipol은 이 분야의 종합적 전문기관으로서 위치를 확고히 하고 관련 활동을 활발하게 수행하고 있었다. 우리나라와 전반적인 여건과 문화가 다르다는 점을 감안하더라도 지역 대학 등이 연합하여 설립한 비영리 청년 주거 지원 전문조직이라는, 우리나라에서는 유래를 찾기 힘든 사례라는 점에서, 유니폴 사례는 청년층 주거문제에 대해 많은 고민을 하고 새로운 프로그램을 도입하고 있는 우리나라에 의미 있는 시사점을 줄 수 있을 것이다.

:: 참고문헌

Unipol, Unipol Organization Map.

Unipol, 2014, Unipol Student Homes Forward Look 2015-2018.

Unipol, Unipol Code 2015-2018.

Unipol and NUS, 2017, Accommodation Cost Survey 14-16.

Unipol Homepage(http://www.unipol.org.uk/home).

사회주택 공급을 위한 핀란드 ARA 시스템과
자가소유주택 공급을 위한 주택회사 시스템

사회주택 공급을 위한 핀란드 ARA 시스템과 자가소유주택 공급을 위한 주택회사 시스템

1. 핀란드 개요

유럽의 최북단에 위치한 핀란드는 동쪽으로는 러시아, 서쪽으로는 스웨덴, 북쪽으로는 노르웨이와 인접해 있다. 핀란드, 스웨덴, 노르웨이 등을 포함한 북유럽 국가는 복지국가로 알려져 있어 꼭 살고 싶은 나라들로 알려져 있다. 핀란드는 노키아, 자일리톨, 무민, 호수, 산타클로스 고향으로 잘 알려져 있다. 최근 2018년 지속 가능한 개발 해법 네트워크Sustainable Development Solution Network : SDSN에서 발행하는 '2018 세계 행복 보고서'에서 가장 행복한 국가 1위를 차지하였다.

핀란드는 핀란드어로 'maakunta'로 불리는 총 19개의 지역으로 구분되며, 이 지역들은 지역개발 및 교육개발 계획의 기준이 된다. 또한 2017년 기준으로 311개 행정 지자체로 이루어져 있으며 대부부의 지자체의 인구는 6,000명 이하이다. 2017년 기준 핀란드의

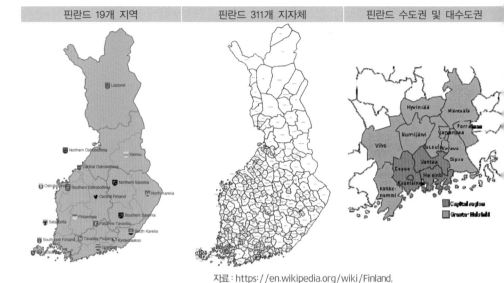

| 핀란드 19개 지역 | 핀란드 311개 지자체 | 핀란드 수도권 및 대수도권 |

자료 : https://en.wikipedia.org/wiki/Finland,
https://en.wikipedia.org/wiki/Municipalities_of_Finland,
https://en.wikipedia.org/wiki/Greater_Helsinki

그림 1 핀란드 행정구역도

인구는 5,447,662명으로 인구기준으로 116위[1]이며 일인당 GDP는
43,378달러US$로 OECD 국가 중 16위[2]이다.

핀란드 수도는 헬싱키이며, 일반적으로 헬싱키를 말할 때 헬싱키 수
도권Capital Region과 헬싱키 대수도권the Greater Helsinki Metropolitan Area으
로 구분한다. 헬싱키 수도권은 4개Helsinki, Vantaa, Espoo, Kauniainen의 지
자체로 이루어져 있으며, 헬싱키 대수도권은 헬싱키 수도권을 포
함하여 14개의 지자체로 이루어져 있다. 헬싱키 대수도권에는
2017년 기준 약 1.4백만 명이 거주하고 있으며, 이 중 헬싱키 수도권

....

1   United Nations, https://en.wikipedia.org/wiki/List_of_countries_by_population_(United_
     Nations)
2   OECD, https://data.oecd.org/gdp/gross-domestic-product-gdp.htm

에는 약 1.1백만 명이 거주하고 있다. 이는 핀란드 인구 중 약 26%가 헬싱키 수도권에 거주하여 수도권에 인구가 집중되어 있다.

핀란드의 주택 총재고량은 2016년 기준 2,654,657호이며, 이 중 자가소유주택은 1,701,613호, 임대주택은 853,650호, 점유권 보장 주택은 42,323호, 기타가 57,071호이다.[3] 핀란드는 자가소유주택 비율이 64%이며 사회주택비율이 13%[4]로서 자가소유주택 비율도 높으면서 사회주택 비율도 적정선을 유지하고 있다. 흔히 유럽의 주택 시스템을 살펴볼 때 협동조합주택이 발달(스웨덴)하거나 임차주거문화가 발달(독일, 스위스)하거나 사회주택 비율이 높거나(네덜란드, 오스트리아, 덴마크) 하는 특징이 있는 국가들(진

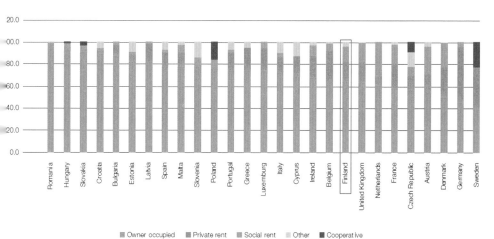

자료 : The State of Housing in the EU, 2017, p.16

그림 2 유럽 국가별 주택 점유 형태 비중

....

3   핀란드 통계청, Statistics Finland's PX-Web databases.
4   Housing Europe (2017), The State of Housing in the EU 2017, A Housing Europe Review.

미윤, 김수현, 2017)을 언급한다. 이러한 국가들의 특징은 한쪽으로 편향되어 있어 자가소유주택 비율이 낮은 특징을 가지고 있다. 또한 다른 국가들은 자가소유주택 비율이 높아 사회주택 비율이 낮은 특징을 가지고 있다.

즉, 국내에는 유럽의 다양한 사회주택 및 협동조합주택 사례(영국, 네덜란드, 스웨덴, 독일 등)가 소개되고 있으나 핀란드에 대한 사례는 찾아보기 힘들다. 본 장에서는 자가소유주택 비율과 사회주택 비율이 적정하게 유지될 수 있었던 핀란드의 사회주택정책과 협동조합주택과 비교되는 독특한 주택공급 시스템인 주택회사 시스템에 대하여 설명한다.

2. 핀란드 주택정책 역사

핀란드의 주택정책은 핀란드 국민 전체를 위한 주택정책과 특별한 소수를 위한 주택정책 사이에서 균형을 유지하며 발전해왔다Myntti, 2007. 1895년 최초의 주택회사Limited-Liability Housing Company가 설립된 이후 주택회사가 공급하는 공동주택 시스템이 시작되었으며 이로 인하여 핀란드에 공동주택의 비율이 높아졌다. 1926년에는 주택회사법Limited-Liability Housing Company Act이 통과되어, 주택회사Housing Company에 의해 운영, 소유 및 관리되는 핀란드의 공동주택 시스템의 법적 틀이 마련되어 거주자들의 권리가 보장되기 시작하였다.

1940년대 후반부터 정부의 주택 공급에 대한 제도적 지원이 시작되었다. 제2차 세계대전 이후 거주할 곳이 없는 노숙자 및 기존 주거지에서 퇴출된 사람들에 주택을 공급하고 도시화로 늘어난 노동력 수요를 위해 1949년 주택생산위원회Housing Production Committee가 조직되었으며 ARAVA라는 대출을 통하여 주택건설자금과 주택융자를 직접 대출하여 주택 공급에 지원하였다. 이 시기에 정부지원을 받아 건설된 주택은 저렴한 임대주택이 아니라 중산층 이상의 고소득자들이 거주할 수 있는 신규 주택으로서 중산층 이상의 고소득자들이 신규 주택으로 입주하고 남겨진 노후 주택으로 저소득층이 거주하는 주택 여과 과정Housing Filtering 원리를 따랐다. 따라서 이 시기의 주택정책 지원 대상은 임대주택뿐만 아니라 자가 주택도 포함되었다Ralli, 2014.

1960년대에는 핀란드의 도시화가 본격적으로 진행되는 시기로서 농촌지역에서 도시로 일자리를 찾아 유입되는 인구의 주택 수요를 흡수하기 위해 임대주택을 공급하는 시기였다Sirpa, 1999. 1970년대와 1980년대까지 ARAVA 대출을 통하여 임대주택 건설에 대한 대출을 지원하였으나 1980년대 핀란드 금융시장 체계가 확립되면서 민간은행의 대출을 허용하여 정부가 직접 건설자금을 대출해주는 방식이 아닌 은행으로부터 받은 대출에 대한 국가보증 및 이자의 일부를 보조해주는 방식으로 전환하기 시작하였다.

1990년대는 주택 버블과 경기 침체로 인하여 정부예산 적자 폭이 증가하여 공공부분의 대출 규제가 강화되었으나 늘어나는 주택 수요와 건설경기 부흥을 통하여 고용문제를 해결하려는 목적으로 사회주택공급을 확대하였다Ralli, 2014. 따라서 이 시기에 정부정책은 대출에 대한 보증을 강화하고 대출이자에 대한 보조를 실

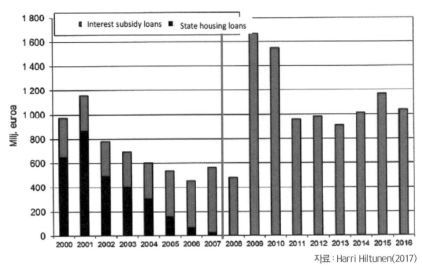

자료 : Harri Hiltunen(2017)

그림 3 핀란드 정부 보조금 지원 변화

시하였으며 대출은 일반 은행에서 실행하는 것으로 바뀌었다. 정
부의 대출 시스템은 2007년까지 지속되었으나 2007년 이후에는
정부의 대출은 종료되어 대출에 대한 보증과 대출이자에 대한 보
조만 지원하고 있다. 그러나 정부대출과 관련된 법 조항은 현재
까지 존재하고 있어 필요시에는 대출이 가능하도록 되어 있다.

또한 1990년대 경제위기로 정부 주택금융제도에 대한 변화도 있
었다. 기존 ARAVA가 정부예산을 가지고 대출과 이자보전을 하였
으나 1990년에 핀란드 정부는 「Act On the Housing Fund of Finland」
를 제정하여 핀란드 주택기금Valtion asuntorahasto, The State Housing
Fund of Finland : VAR을 설립하였다. 이 기금의 초기자산은 ARAVA에
서 대출해준 자산이었으며 이 자산은 더 이상 정부 예산이 아닌
독립적인 자산이 되었다. 또한 ARAVA는 독립된 기관인 ARA The

1949년	주택생산위원회(Housing Production Committee) 조직 ARAVA(Asuntorahoitusvaltuuskunta)로 알려짐	ARAVA 대출 (State Housing Loan) 정부예산으로 시행
⇩	⇩	⇩
1990년	Act on the Housing Fund of Finland 제정	ARAVA의 대출 자산을 토대로 핀란드 주택기금(VAR : Valtion asuntorahasto, The Housing Fund of Finland) 설립
⇩	⇩	⇩
1993년	ARAVA는 ARA(Asumisen rahoitus- ja kehittämiskeskus, The Housing Finance and Development Center of Finland)로 변경	ARA에서 핀란드 주택기금(VAR)을 관리·운용

자료 : 제5회 국제주택도시금융 포럼 사전자료집, p.17

그림 4 핀란드 주택금융정책 기관 및 제도 변화

Housing Finance and Development Center of Finland로 변경되어 이 기금을 관리·운용하고 있다.

2010년대 핀란드 주택정책 이슈는 지방과 대도시의 주택 수요와 공급 불일치 문제, 공급자 중심의 지원에서 수요자 중심의 지원으로의 변화이다. 대도시 지역으로 인구 집중 및 소규모 가구의 증가, 고령화로 인한 주택 수요 증가는 주택 가격 및 임대료 상승을 야기하고 있다. 핀란드 주거정책은 공급자와 수요자를 위한 지원정책으로 나뉜다. 공급자 지원은 ARA에서 담당하며 수요자 지원은 사회보험보장제도Kansaneläkelaitos, The Social Insurance Institution of Finland : KELA에서 담당한다. 2016년 총 230억 유로(GNP의 1.1%)가 주거정책에 지원되었다. 이중 15~25%는 공급자ARA에게 지원되며, 80%는 수요자KELA에게 지원되었다.[5]

....

5   제5회 국제주택도시금융포럼 발표자료집.

표 1 핀란드 주거 지원 시스템

공급자 지원(ARA)	수요자 지원(KELA)
• 사회적 주택에 지원 • 주택 건설 및 주택 수리 사업 장려 • 이차보전 대출 • 투자 보조금 • 주택 개선 및 특수 목적에 사용되는 보조금	• 저소득층을 위한 주거수당 • 주택대출에 대한 세금 경감 • 주택 판매에 대한 세금 경감 • 최초 주택 구매자에 대한 이자 보조

자료 : Harri Hiltunen(2017)

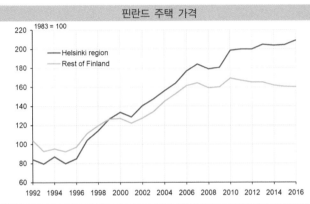

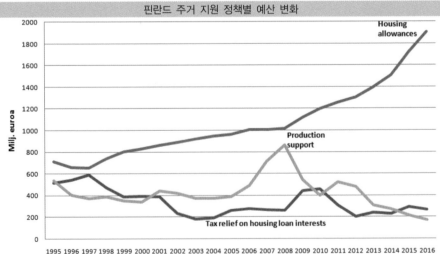

자료 : 핀란드 통계청, Statistics Finland's PX-Web databases, Suomen Kinteistolitto(Finnish Real Estate Association)

그림 5 핀란드 주택 가격 및 주거 지원 예산 변화

3. 핀란드 주택 유형

핀란드 점유 유형별 주택 구분은 자가소유주택, 임대주택, 점유
권 보장 주택, 기타6로 구분되며 임대주택은 다시 사회주택(정부
지원 임대주택)과 민간임대주택으로 구분된다.

2016년 기준 총주택재고량은 2,654,657호이며 이 중 자가소유주
택은 1,701,613호로 비중이 64.1%, 사회주택(323,040호, 12.2%)과
민간임대주택(530,610호, 20%)을 포함한 임대주택은 853,650호로
비중이 32.2%, 점유권 보장주택은 42,323호로 비중이 1.6%, 기타가
57,071호로 비중이 2.1%이다.

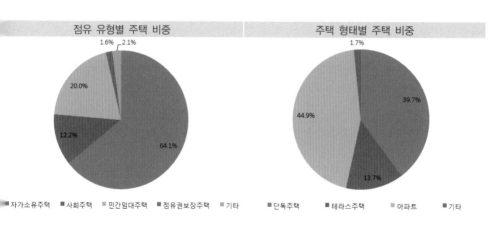

자료 : 핀란드 통계청, Statistics Finland's PX-Web databases

그림 6 핀란드 주택 점유 유형 및 형태별 비중

주택 형태별 주택 구분은 단독주택Detached house, 테라스주택Terraced

....

6   핀란드 통계청에서 영문으로 other or unknown tenure status 언급하고 있다.

:: 사회주택 공급을 위한 핀란드 ARA 시스템과 자가소유주택 공급을 위한 주택회사 시스템

house, 아파트Block of flats,[7] 기타[8]로 구분된다. 2016년 기준으로 전체 주택 중 아파트가 가장 높은 비중(1,192,001호, 44.9%)을 차지하고 있으며 다음으로는 단독주택(1,053,548호, 39.7%), 테라스주택(363,578호, 13.7%) 순이다. 핀란드 주택은 크게 단독주택과 아파트 형태로 구분되고 있음을 알 수 있다.

4. 핀란드 사회주택과 ARA의 역할

핀란드 사회주택 개념은 정부의 지원을 받은 주택을 말하며 핀란드 정부 산하기관인 ARA에서 관리하는 주택[9]이다. ARA에서 관리하는 사회주택의 유형은 사회임대주택, 특수계층[10]을 위한 임대주택, 점유권 보장주택 등이다.

사회임대주택은 임대주택 중 ARA의 주택기금VAR을 지원받아 건설된 주택으로서 저소득 층 및 특수계층에게 공급되고 있다. 점유권 보장Right of Occupancy 주택은 공공주택으로 ARA의 지원을 받는 사회주택의 한 유형으로 임대주택과 자가소유주택 이외의 대안적인 형태의 주거 유형이다. 한국의 전세 개념과 비슷한 개념으로서 입주자가 주택 가격의 15%를 보증금 개념으로 지불하고 85%는 정부 대출로 건설된 주택이다. 이사 시에는 보증금 개념의

....

7   block of flat은 tower block, high-rise, apartment tower, residential tower, apartment block을 통칭하는 용어이다.
8   상업용이나 오피스 건물 형태의 주거지.
9   현재 자가소유주택 재고 중 25%(430,000호)가 과거에 ARA의 저리 건설자금을 대출 받아 지어진 주택이며 대부분 대출이 완전 상환되어 자가소유주택이 되었으며 완전 상환되지 않은 주택 일부만 ARA에서 관리하고 있다.
10   노인, 학생, 기타 특별계층.

15%를 돌려받으며 시장 가격이 상승하였을 경우에는 상승한 만큼의 비용[11]을 더 받는 제도이다. 더하여 이 주택의 소유주는 ARA에서 임명하며 비영리기관이다. 점유권 보장 주택은 핀란드 전체 가구의 1.5%이지만 꾸준히 증가하고 있는 추세이다.

2016년 기준 ARA에서 관리하는 총사회주택은 41.5만 호로 핀란드 총주택재고 중 15.6%[12]이다. 사회주택의 소유자는 지자체 혹은 비영리단체이며 약 70% 이상이 지자체 소유이다. 가장 규모가 큰 사회주택 공급 단체는 헬싱키 시정부의 Heka Oy로 약 47,000호(2015년 기준)의 사회주택을 보유하고 있다.[13]

표 2 ARA 관리 총 사회주택 현황(2016년 기준)

구분	호수	총 주택 대비 비율
사회임대주택	275,000	10.4%
특수계층을 위한 임대주택	98,000	3.7%
점유권 보장 주택	42,325	1.6%
총 ARA 관리 사회주택	415,325	15.6%

자료: 제5회 국제주택도시금융포럼 사전 자료집을 토대로 재구성

공급자 중심 지원에서 수요자 중심으로의 지원 변화와 기존 ARA가 보유하고 있는 사회임대주택의 민간주택으로 전환으로 인화여 사회임대주택 재고가 감소하고 있는 반면에 임대주택과 자가 소유주택의 중간적인 성격인 점유권 보장 주택은 증가하고 있다.

....

11 물가상승률에 기초하여 받으며 물가상승률을 고려하여 최대 10%까지만 받을 수 있다.
12 2016년 핀란드 통계청에서 발표한 사회주택과 점유권 보장주택의 비율의 합은 13.8%로 ARA의 자료와 차이가 나고 있다. 이유는 민간임대주택 시장에서 약 23%(100,000~150,000호)는 과거에 사회임대주택이었으며 이 중에 일부는 여전히 ARA에서 관리되고 있는 사회주택이다.
13 제5회 국제주택도시금융포럼 사전 자료집.

표 3 핀란드 주택 재고 현황

구분	2005	2006	2007	2008	2009	2010	2011	2012	2013	2014	2015	2016
총주택 재고량	2,429,500	2,453,826	2,476,505	2,499,332	2,517,393	2,537,197	2,556,068	2,579,781	2,599,613	2,617,780	2,634,339	2,654,657
자가소유 주택	1,555,972	1,598,638	1,617,787	1,638,732	1,653,291	1,661,480	1,673,443	1,683,409	1,696,096	1,698,803	1,698,102	1,701,613
사회임대 주택	378,538	377,757	379,802	379,288	367,456	371,865	362,058	356,381	337,791	334,666	328,683	323,040
민간임대 주택	393,061	385,643	384,531	384,911	395,443	400,238	414,968	429,702	458,052	489,028	509,199	530,610
점유권 보장 주택	30,279	30,532	31,134	31,352	31,608	34,110	35,323	36,702	37,824	38,468	40,095	42,323
기타	71,650	61,256	63,251	65,049	69,595	69,504	70,276	73,587	69,850	56,815	58,260	57,071

자료 : 핀란드 통계청, Statistics Finland's PX-Web databases

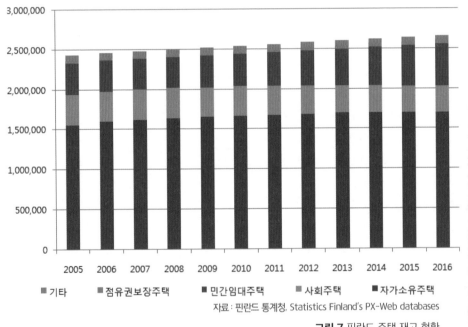

자료 : 핀란드 통계청, Statistics Finland's PX-Web databases

그림 7 핀란드 주택 재고 현황

핀란드 주택기금VAR의 조성과 함께 시작한 ARA의 현재 역할은 핀
란드 공공주택정책을 관할하고 있으며 주요 역할14은 ARAVA 대

출을 결정하고, 사회적 주택에 대한 이자보조 지급을 승인, 개인의 주택대출에 대한 국가보증 수행, 주택시장에서 신규 주택 수요를 모니터 후 주거 지원 예산 배분, 정부 지원 주택 건설의 가격과 품질을 조정, 주택보수금 및 사회적 약자(노령인구, 학생, 장애인)를 위한 주택자금grant의 배분allocation을 결정, 주택금융과 지원금의 배분을 담당하는 비영리단체들의 운용을 모니터, 주택시장에 대한 정보를 수집·분석하여 온라인과 관련 산업에 제공 및 배포, 사회적 주택의 사용을 관리·감독 등의 주택금융, 품질 관리 및 시장 분석을 수행하고 있다.

핀란드 사회주택의 소유권은 지자체와 비영리단체들에게 있으며 ARA는 각 지자체별 주택시장 여건에 따라 지원금 규모를 결정하고 분배한다. ARA는 지자체와 함께 사회주택 공급을 계획하며 비영리단체는 노령인구, 학생 및 사회 취약계층을 위한 사회주택을 공급하고 있다.[15] 더하여 ARA는 주거단지 계획 시 사회적 통합을 위해 특정 지역에 저소득층이 집중되는 것을 방지하여 사회주택이 공간적으로 분리되는 것을 방지하기 위해 노력하고 있다. 이를 위해 사회주택의 질을 높이고 소득분위에 따른 입주 신청 자격기준을 유연하게 실행하고 있다.[16]

핀란드 보건복지부Ministry of Social Affairs and Health에서 발표한 'Socially Sustainable Finland 2020: Strategy for social and health policy'는 2020

....

14   ARA(http://www.ara.fi/en-US).
15   제5회 국제주택도시금융포럼 사전 자료집.
16   제5회 국제주택도시금융포럼 사전 자료집.

년까지 이민자와 노령인구 증가로 인한 주택문제 해결을 공공주택정책의 주요 목표로 삼았으며 이는 최근 ARA의 주요 주택정책 이슈이다. 이를 위해 노령인구의 복지 네트워크well-being network 설립, 커뮤니티 지향적 주택 건설 계획, 임대주택 건물의 환경적 지속 가능성을 위해 노력하고 있다Housing Europe, 2015. 더하여 노숙인의 사회적 고립 예방과 재활을 목표로 장기 노숙자들에 대한 단계적 프로그램the Finnish National Programmes to Reduce Long-Term Homelessness을 시행하고 있다ARA, 2017.

현재 ARA에서 지원하는 정책은 크게 보증과 보조금 지원으로 나뉘며 세부적으로는 총 8가지의 지원정책을 실행하고 있다Hiltunen, 2017. 신규 사회주택 건설 및 보수를 위한 이차보전, 기존 ARAVA 대출을 일반 은행 대출로 전환하기 위한 보증, 신규 임대주택건설을 위한 보증, 헬싱키 지역에 신규 사회주택 건설 시 창업보조금,17 신규 주거지역 기반시설 건설을 위한 기반시설 보조금, 특수계층을 위한 신규 사회주택 건설 시 투자보조금18과 이차보전, 특수계층 거주지의 주택보수를 위한 보조금, 자가소유 촉진을 위한 자가소유주택 융자의 부분적 보증 등이 있다.

....

17 주택 수요가 크게 증가하고 있는 헬싱키 지역에 사회주택 건설 시 호당 10,000유로를 지원하는 정책(start-up grant)을 실시한다.
18 학생 또는 젊은 층을 위한 주택 지원에는 건설비의 10%, 정신적 문제를 가진 사람을 위한 주택은 건설비의 25%, 노인을 위한 주택은 40%, 장기적 노숙자, 장애인을 위한 주택 건설비용의 50%를 지원한다.

리모델링한 ARA 주택[19] | 특수계층(노인)을 위한 ARA 주택[20]

자료 : ARA 홈페이지

그림 8 ARA로부터 지원을 받아 건설된 사회주택

5. 주택회사 시스템[21]

주택회사주택 시스템은 스웨덴의 협동조합주택 시스템과 유사하면서도 다른 특징을 가지고 있다Ruonavaara, 2005. 주택회사는 유한책임주택회사limited-liability housing company로 불리며 흔히 한국의 아파트나 다른 나라의 공동주택condominium 시스템과 구별되는 주택공급 시스템이다. 주택회사는 유한주택회사법[22]에 의한 거버넌스governance에 따라 거주자들의 권리 및 의무를 규정하고 있다Lujanen, 2017.

....

19 1960년대부터 1980년대까지 건설된 아파트는 에너지 효율이 매우 떨어져 이를 개선하기 위해 리모델링을 실시하였으며 ARA는 이러한 리모델링을 위해 개발기금, 이자보조금, 에너지 보조금을 지원하였다.

20 노인을 위한 228호 주택이 건설되었으며 최초에 이 건물은 3개의 건물로 이루어져 있었다. 기존의 건물을 단계적으로 철거하고 그 자리에 새로운 건물을 짓는 방식으로 진행되어 철거된 건물의 주민들이 새로운 건물로 이동할 수 있게 하였다. 새로운 건물은 기존건물의 면적보다 두 배가 넓어졌다. 더하여 ARA로부터 개발기금, 투자보조금, 이자보조금을 받아 건설되었다.

21 Lujanen(2017)와 Ruonavaara(2005)를 토대로 재작성되었다.

22 유한주택회사법은 공식적으로 1926년 최초로 통과되었다.

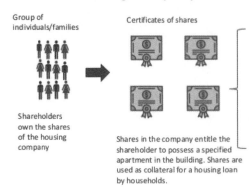

Finnish Housing Company

Group of
individuals/families

Certificates of shares

A housing company –
an individual legal entity

Shareholders
own the shares
of the housing
company

Shares in the company entitle the
shareholder to possess a specified
apartment in the building. Shares are
used as collateral for a housing loan
by households.

A housing company owns the real estate – which can
used as collateral

Pictures: Shutterstock

자료 : Salminen(2018)

그림 9 핀란드 주택회사 시스템

유한주택회사법Limited Liability Housing Companies Act에 의하면 주거건
물의 소유자는 주택회사이며 주주는 지분 규모에 따라 아파트 및
건물의 일부를 소유한다. 따라서 주주는 주택회사가 건설한 주택
에 주주로서 거주하거나 권리를 행사한다.

1910년대부터 주택회사가 주택을 공급하였으며 1980년대부터 급
격하게 증가하여 2017년 핀란드 전체 주택 재고의 절반인 48%가 주
택회사에 의해 공급된 주택이다. 핀란드에서 공동주택(아파트)을
공급하고 소유하는 주된 방법이 주택회사를 통한 방법이다.

표 4 핀란드 주택회사 재고 변화

연도	1950	1960	1970	1980	1990	2000	2016*	2017*
총 주택 중 주택회사 주택 비중	3%	9%	16%	27%	32%	28%	47%	48%

* 1950년부터 2000년까지는 자가소유의 주택회사 주택의 비중만을 언급한 것이며 2016년과
2017년은 자가소유주택과 임대주택을 둘 다 고려한 비중임
자료 : Ruonavaara(2005), p.227과 Suomen Kiinteistöliitto(The Finnish Real Estate
Federation)의 자료를 토대로 재구성

주택회사 시스템은 주택단지 내 건물(아파트)들을 하나의 주택
회사가 소유하고 회사 주식을 주주에게 배분한다. 주주는 주식을
소유함으로써 주택회사의 부분 소유자가 되며 주식 소유권을 기
반으로 주택을 판매한다. 주식 소유권 기반의 주택 판매는 행정
절차가 빠르고 쉬운 장점이 있다.

주주들이 소유하고 있는 주식증서는 주택에 대한 담보로 사용 가
능하여 주택 구입 또는 보수를 위한 대출을 받을 때 담보로 사용
가능하며 유리한 시장이자율로 대출이 가능하다. 주택회사의 담
보는 이동자산을 기반으로 한 담보로서 금융기관은 위험 요소가
커 이자율이 높을 수 있는 문제가 발생할 수 있었으나 EU와의 협
약을 통하여 핀란드의 주택회사의 주식도 부동산 담보로 인정되
어 낮은 이자율로 담보를 받을 수 있게 되었다.

주택회사는 건물관리 및 수리에 대한 책임이 있고 개인주주(주택
소유주)가 건물이나 다른 주주의 주택 구조를 훼손할 수 있는 주택
수리는 하지 못하도록 할 수 있는 권리가 있다. 거주자는 다른 주주
의 주택 구조를 훼손하지 않는 범위에서는 주택 수리를 할 수 있으
며 이때 주식을 담보로 대출을 받아 수리비용을 충당할 수 있다.

주택회사는 건물의 수리 및 보수의 책임이 있기 때문에 회사가 가
지고 있는 주식을 담보로 채권금융debt financing을 할 수 있다. 따라
서 다른 공동주택 운영체계에 비하여 보수, 수리 및 관리에 대한
결정 및 자금 운용에 있어 보다 원활하고 능률적이라는 장점이 있
다. 그러나 주택회사의 대출에는 주주들도 대출상환에 대한 연대

책임이 있어 연대책임 문제가 발생할 수 있다. 예를 들어 주택회사가 신축공사 및 수리를 위해 주택회사의 수입으로 대출 상환이 안 되는 재정적 문제가 발생하게 되면 주택회사는 파산할 수 있다. 따라서 금융기관은 금전적 손실을 얻을 수 있으며, 주택회사의 주식이 가치가 없어져 주택회사의 주식을 소유한 거주자는 주택을 잃어버릴 수 있는 문제가 발생할 수 있다. 그러나 개인 주주의 대출은 주택회사의 대출의 문제(연대책임)가 발생하지 않으며 단지 개인 주주만이 책임을 지면 된다.

주택소유자(주주)들은 매월 주택회사에 월 납부금[23]을 지불해야 하며 주택소유자(주주)가 월 납부금을 지불하지 못할 경우 회사는 문제의 아파트를 보유하고 임대수입을 통하여 납부금을 충당한다. 그러나 아파트 소유권은 기존 소유자에게 있다.

주택회사 아파트의 전체적인 주요 결정권은 주주들이 참여하는 총회에서 이루어지며 의사 결정 기구들(이사회 및 관리자)의 의사 결정 시 주주들이 자신들의 의견에 대해 명확하게 주장할 수 있어 주택회사 시스템은 투명한 행정절차를 가지고 있다. 더하여 주택회사의 회계는 감시받고 지배구조가 투명하여 회계 처리의 투명성이 보장되고 있다. 이러한 의사 결정 과정의 투명성과 용이성으로 인하여 건물과 공동구조물 등의 시설 상태가 양호하여 재산 가치가 유지되거나 향상되며 꾸준히 높은 질의 주거 서비스를 보장받을 수 있다.

....

23   주택회사에서 주택회사 대출에 대한 대출이자와 관리비를 책정하여 부과한다.

주택회사주택은 개인 및 법인 둘 다 주택회사의 주식을 소유할 수 있어 주택을 소유하거다 임대할 수 있다. 따라서 주택시장 현황에 따라 주택을 임대하거나 소유할 수 있으며 같은 아파트 내에 소유자 거주와 임대 거주의 통합을 가능하게 할 수 있다.

주택회사 시스템은 앞에서와 같이 다양한 장점을 가지고 있으면서도 협동조합주택과 많은 비교가 되고 있다. 우선 협동조합주택과 유사점은 기본적으로 두 시스템 모두 큰 틀에서 자가소유주택의 개념이며 도시의 주택 수요 충족과 주택 재고 확보를 위해 건설된 주택이라는 유사성을 가지고 있다Ruonavaara, 2005. 더하여 최초의 이 두 시스템은 노동자 계급을 위해 결성된 조직으로부터 시작되었다는 점이 비슷하다. 즉, 두 시스템 모두 저소득층을 위한 주택 건설을 목적으로 하지 않았다.

반면에 주택회사주택과 협동조합주택은 서로 다른 차이점을 가지고 있다. 첫째, 협동조합주택은 조합이 재산권을 가지고 있으며 조합에 속한 조합원이 개별 주택에 대한 소유권을 가지는 반면에 주택회사가 재산권을 가지며, 주주들이 가지고 있는 주식 지분에 따라 개별 주택 혹은 건물 및 재산권의 일부분에 대한 영구적인 소유권을 가진다. 둘째, 주택회사주택은 임대할 수 있으나 협동조합주택은 임대할 수 없다. 셋째, 주택협동조합은 조합원들의 집 크기에 상관없이 협회 회의에서 단 한 표만을 갖으나 주택회사 시스템은 직접적으로 소유 주식의 수(주택의 규모)에 따라 영향력이 다르다. 넷째, 주택회사의 첫 번째 구매자가 협동조합주택의 첫 번째 구매자처럼 비용 기반 가격 이점을 누리지 못한다. 마지막으로 주택 판매 시 주택협동조합은 구매자를 직접 찾을 필요가 없으며 단지 공지사항만 제출하면 되나 주택회사 시스템은 주택 판매 시 소유자는 주택회사 소유 지분을 새로운 주주에게 양도해야 하는 특징이 있다.

6. 핀란드 주택 공급 정책의 시사점

핀란드는 산업화 시기에 노동자 계급의 부족한 주택을 공급하기 위해 주택회사 시스템이 도입되었으며, 제2차 세계대전 이후 주택난 해소를 위해 정부에서 AVARA 국가대출제도를 도입하여 저소득층을 위한 사회주택을 공급하기 시작하였다. 즉, 핀란드 주택 공급에 있어서 공공 부분은 ARA(과거 ARAVA)가 공급하는 사회주택, 민간부분은 주택회사가 공급하는 주택으로 구분되어 중요한 역할을 하고 있다.

ARA는 사회주택을 공급하는 데 최초에는 정부 예산으로 만들어진 국가대출을 통해 사회주택을 공급하였으나 1990년대 주택 버블과 경기 침체로 인해 정부부채가 증가하여 기존 대출을 바탕으로 정부 예산 밖의 주택기금VAR을 만들어 사회주택 공급을 지원하고 있다. 여기서 주목해야 할 점은 기금의 역할이 대출에서 대출에 대한 보증과 일반 은행에서 대출한 대출이자에 대한 보조로 전환함으로써 정부의 재정 부담을 줄이고 있다는 것이다. 그러나 지원 내용은 세분화·전문화·혁신화되고 있다. 특히 민간주택과 사회주택의 중간 개념인 점유권 보장 주택을 도입하고 확대함으로써 새로운 점유 유형을 제시하는 것은 중요한 시사점이다.

주택회사주택은 주택회사가 주거건물을 소유하며 주주는 지분 규모에 따라 아파트 및 건물의 일부를 소유하는 주택으로서 다른 공동주택 운영체계에 비해 보수, 수리 및 관리에 대한 결정 및 자금 운용에 있어 보다 원활하고 능률적인 장점을 가지고 있다. 더하여 스웨덴의 협동조합주택과 구별되는 장점을 가지고 있어 협동조합주택과 비교되는 시사점을 가지고 있다.

마지막으로 핀란드 주택정책은 공급자와 수요자를 구분하여 지원하고 있고, 수요자 위주의 정책으로 전환되고 있으며 사회보험 보장제도에서 담당하고 있다. 이는 주택을 사회복지의 한 부분으로 여기고 있으며 거주자의 주거 질을 높이는 데 중점을 두고 있음을 보여준다.

핀란드 주택 재고는 사회주택과 자가소유주택 비율이 다른 EU국가와 비교하여 적절히 유지되고 있다. 이러한 바탕에는 ARA에서 공급하는 사회주택과 주택회사에서 공급하는 자가소유주택이 밑바탕이 되고 있으며 이러한 주택공급 시스템은 충분히 참고해 볼 만하다.

:: 참고문헌

진미윤·김수현(2017), "꿈의 주택정책을 찾아서", 도서출판 오월의봄.

국토교통부. 2017. 2017제5회 국제주택도시금융 포럼 사전자료집.

ARA. 2017. "Homelessness in 2016."

Hiltunen, Harri (2017), "The Housing Funds System for Social Housing in Finland."
The 5th International Forum on Housing and Urban Finance.

Housing Europe (2015), "The State of Housing in the EU 2015." A Housing Europe
Review.

Housing Europe (2017), "The State of Housing in the EU 2017." A Housing Europe
Review.

Lujanen, Martti (2017), "Here and There: Limited liability housing companies-an
International Comparison." The Finnish Real Estate Federation.

Myntti, Cynthia (2007), "Putting Finnish Housing Design into Context: The Helsinki
Experience." Helsinki City Urban Facts Study Report.

Ralli, Tommi (2014), "TENLAW: Tenancy Law and Housing Policy in Multi-level
Europe." National Report on Finland.

Ruonavaara, Hannu (2005), "How Divergent Housing Institutions Evolve: A
Comparison of Swedish Tenant Co-operatives and Finnish Shareholders'
Housing Companies."Housing, Theory and Society. 22(4): 213-236.

Tulla, Sirpa (1999), "Securitisation and Finance for Social Housing in Finland." *Urban
Studies*. 36(4): 675-656.

Salminen, Elina (2018), Sustainable Finance in Finland, Finance Finland, Green
Building Council Finland's EeMAP workshop on 13th Feb 2018.

기타 자료

ARA(The Housing Finance and Development Center of Finland), http://www.ara.
fi/en-US

Kinteistolitto(Finnish Real Estate Association) 내부 자료.

OECD, https://data.oecd.org/gdp/gross-domestic-product-gdp.htm

United Nations, https://en.wikipedia.org/wiki/List_of_countries_by_population_
  (United_Nations)

https://en.wikipedia.org/wiki/Finland

https://en.wikipedia.org/wiki/Municipalities_of_Finland

https://en.wikipedia.org/wiki/Greater_Helsinki

핀란드 통계청. Statistics Finland's PX-Web databases. http://pxnet2.stat.fi/PXWeb/
  pxweb/en/StatFin/

프랑스 사회주택(logement social)의 균형적 공급 확대를 위한 주거정책과 도시 계획의 연계 제도

프랑스 사회주택 (logement social)[1]의 균형적 공급 확대를 위한 주거정책과 도시 계획의 연계 제도

프랑스는 전 세계에서 사회주택을 가장 많이 보유하고 있으며 전체 가구의 17% 정도가 여기에 거주하고 있는, 사회주택 정책을 적극적으로 추진한 대표적 국가다. 그리고 이런 주택의 공급 확대를 위해 지금도 다방면의 노력을 게을리하지 않는 보기 드문 나라이다.

21세기에 들어서며 프랑스는 사회주택의 안정적 공급과 지역적 균형을 유지하기 위해 여러 가지 새로운 제도를 도입했다. 이 가운데 특히 흥미로운 것은 '사회주택에 대한 지역 쿼터제quota obligatoire de logements sociaux' 또는 '사회적 혼합 지구secteurs de mixite sociale'와 같이 도시 계획적 접근을 통한 사회주택 공급 확대 수단들이다. 이런 정책은 공급 확대를 통한 서민의 주거 안정 향상뿐 아니라 계

....

1 　여기서 사용하는 사회주택이란 용어는 최근 서울시가 정의한 사회주택이 아닌, 공공의 재정적 제도적 지원을 기반으로 제한적 영리나 비영리 조직에 의해 주로 서민을 위해 공급되고 관리되는 모든 주택을 의미한다. 우리나라의 공공임대주택은 사회주택의 한 형태로 볼 수 있다.

층의 공간적 분리를 막고 사회적 혼합을 유도하려는 목적을 함께 담고 있다. 따라서 여기서는 이 두 가지 제도에 대해 살펴보도록 하겠다.

1. 사회주택에 대한 지역 쿼터제

1) 배경

프랑스의 사회주택은 제도적으로 HLMHabitation à loyer modéré으로 불린다.[2] 문자 그대로 해석한다면 '임대료가 저렴한 주거'다. HLM 은 1950년 7월 21일에 제정된 법에 근거를 두고 있다.[3] 이후 이 주택에 관련되어 새로 만들어지거나 개정된 다양한 법들은 1978년 제정된 '건설 및 주거에 관한 법전Code de la construction et l'habitation'에 의해 통합되어 지금까지 이어지고 있다.[4] 이 법전은 크게 법률partie législative과 규칙partie réglementaire에 대한 부분으로 나뉘는데, HLM에 대한 내용은 법전의 4부(部)에서 다루고 있으며 8편(編)으로 구성되어 있다.

HLM은 대부분 임대주택으로 공급되었으며 현재도 그렇다. 2017년 현재 HLM 재고는 약 491만 호이며 연간 약 8만 호 정도가 공급되고

....

2   법적으로 정해진 HLM 공급 주체가 공급한 주택만을 HLM이라 규정하고 있다. 따라서 현실적으로 HLM 이외에도 비영리 민간단체 등에서 공급한 사회주택이 존재한다. 하지만 그 재고량은 크지 않다.
3   사실 HLM의 제도적 기원 HBM(Habitation à bon marché)이 만들어진 1889년으로 거슬러 올라간다.
4   HLM은 이 법전이 제정되기 이전에는 여러 법률에 근거하여 공급되었다.

그림 1 1980년대 이전 프랑스 HLM 단지 사례 - 그리니(grigny) 지구

있다. 이런 HLM은 지역적 편중성을 보이며 일부 지역에 집중적으로 공급되었다. 즉, 45년 이후 70년대 말까지 우리나라의 택지개발지구와 비슷한 도시화우선지구ZUP를 통해 아파트 형태의 대규모 HLM 단지를 대도시 외곽에 집중적으로 공급하였다.

80년대 이후, 이전보다 공급량은 감소했지만 수요가 밀집한 도심지역에 공급은 한계가 있어 여전히 대도시권 외곽에 위치한 꼬뮌 commune⁵에 공급이 몰리는 경우가 많았다. 그림 2는 레지옹별 HLM 재고와 비율을 나타낸 것이다. 파리를 포함하는 일드 프랑스 Ile de France 지역에 126만 호가 공급되어 가장 높은 재고 비중을 보

....

5   프랑스의 가장 작은 행정구역으로 우리나라 기초지자체보다 일반적으로 규모가 작다. 프랑스 행정구역 체계는 꼬뮌 - 꼬뮌연합체 - 도 - 지방 - 국가로 구성된다.

전체주택재고 대비 사회주택 비율(%)

■ < à 12   ■ 12 à 15,9   ■ 16 à 19,9   ■ 20 et +

그림 2 지역별 임대주택 재고(호) 및 비율

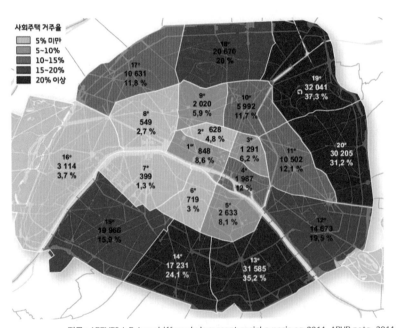

그림 3 파리시 구별 사회주택 재고(호) 및 거주율

주거복지 해외 탐방 ::

이고 있는 반면 브르타뉴지역은 17만 호 정도의 재고 수준을 나타내고 있다. 비율 측면에서도 일드프랑스지역 등은 20% 이상을 나타내고 있으나 브르타뉴 등은 12% 이하의 수준을 보이고 있어 지역 간 차이가 나타나고 있다. 이런 현상은 같은 레지옹을 구성하는 꼬뮌 차원에서 보면 더 큰 격차를 목격할 수 있다.

특히, 사회주택 수요가 많은 대도시권은 보통 수십 개 이상 꼬뮌으로 이루어지는 경우가 많은데, 어떤 꼬뮌은 사회주택 비율이 매우 높은 반면 어떤 곳은 거의 없는 경우도 나타난다. 그림 3과 같이 파리시의 경우도 지역별로 사회주택 거주율이 큰 격차를 보이고 있다. 이는 사회주택이 많이 공급되는 특정 지역에 특정 계층이 밀집되어 공간적 불균형과 함께 계층적 불균형이 동시에 나타나며 사회병리적 문제로 이어진다는 것을 의미한다. 이런 불균형은 또한 지방정부 간 비용 전가 문제가 심화되는 결과도 유발한다. 다시 말해, 한 지역에 HLM이 공급되면 그 지역 주민뿐 아니라 인근 지역의 주민도 입주하는바, HLM 공급이 많은 지자체의 세수는 감소하고 임대주택 관리비용과 복지비용은 증가하여 전체적으로 재정적자가 커지는 반면 인근 지역은 무임승차하는 경우가 나타난다는 것이다. 문제는 거주 이전의 자유와 주택이 가진 지역성으로 인해 이런 부정적 효과를 근본적으로 해결하기는 어렵다는 것이다. 이런 이유로 프랑스 정부는 지역 간 계층적 불균형을 해소하고 사회주택 공급량도 확대하기 위해 사회주택에 대한 지역 쿼테제를 신설하였다.

2) 사회주택에 대한 지역 쿼터제

건설 및 주거에 관한 법전은 사회통합을 고려한 균형적이고 다양한 주택 공급을 위해 지방정부에 의해 수립되는 지역주거 계획Plan Local de l'Habitat : PLH[6]에 각 지역별 수요를 고려한 HLM 건설계획을 포함하도록 명시하고 있다. 이런 정책적 의지는 2000년 12월 제정된 '도시재생과 사회통합법Loi SRU'을 통해 보다 명확해지고 강화되었다. 이 법은 현재 15,000명 이상의 인구를 가진 꼬뮌을 포함하는 50,000명 이상의 도시권 내 3,500명 이상의 인구(일드프랑스지역은 1,500명)를 보유한 꼬뮌 가운데 전년도 1월 1일 현재 사회임대주택 비율이 빈집 등을 제외한 주택재고의 25% 이하인 꼬뮌에 대해 그 이상으로 임대주택을 공급하도록 의무화하고 있다. 사회주택 공가가 많은 지역 등에 대해서 이 비율은 20%까지 완화될 수 있다. 이 기준을 만족시키지 못하는 지자체는 당해 사회주택 재고와 이 기준과의 차이에 해당하는 호수에 1인당 조세부담액의 20%에 해당하는 금액을 곱하여 부담금을 국가에 납부해야 한다.[7] 이렇게 적립된 부담금은 이 지자체가 위치한 광역정부로 귀속되어 사회주택을 위한 토지 취득 및 택지 개발과 사회주택 건설을 위해 사용된다. 또한 법은 해당 지자체가 매년 7월 1일 이전에 당해 사회주택 비율을 도지사에게 보고하며 이 내용에 대해 허위 또는 오류가 발견될 경우 벌금을 부과하도록 규정하고 있다. 지역

....

6   1991년 제정된 '도시에 관한 법(loi sur la ville)'에 의해 규정된 지역주거계획(Plan local de l'Habitat)은 향후 6년을 목표로 광역과 기초지자체에 의해 수립된다. 프랑스는 HLM의 공급, 배분, 재고관리와 관련하여 지방정부가 주도하는 체계를 구축하여 운영하고 있다. 이런 체계 속에서 국가는 지방정부의 재정적·제도적 지원자의 역할을 하고 있다.
7   부담금은 해당 지방정부 지출의 5%를 초과하지 못하며 4,000유로 이하는 징수하지 않는다.

461 꼬뮌
0 유로
(4,000유로 이하)

615 꼬뮌
510억 유로

142 꼬뮌 면제

부담금 배분

16,8 백만유로
(국가토지기관)

2 백만유로
(도시개발기금)

2,6 백만유로
(지역토지기관)

16,8

2

2,6

51
millions
d'euros

11,7

18

18 백만유로
(꼬뮌연합체 주택건설지원)

11,7 백만유로
(국가주택건설지원기금(FNAP))

자료 : Ministère de la Cohésion des territoires, 2017 재구성

그림 4 사회주택에 대한 지역 쿼터제 부담금 규모와 배분(2016년 기준)

주거 계획은 이와 같은 규정을 감안하여 수립하며 이들을 실현할 수 있는 조건과 공간적 배분에 대해서도 구체적으로 다루고 있다.

2016년 현재 이 제도의 적용을 받는 꼬뮌은 1,981개이며 이 가운데 약 60%에 해당하는 1,218개 꼬뮌이 사회주택 의무 비율을 지키지 못하는 것으로 나타나고 있다. 이들 가운데 721개 꼬뮌은 사회주택 재고율을 25%까지 올려야 하며 나머지는 재고의 20%까지 공급해야 한다. 의무비율을 만족시키지 못한 꼬뮌 가운데 약 50%(615개 꼬뮌)가 부담금을 납부했으며 나머지 꼬뮌은 부담금을 면제받은 것으로 나타나고 있다. 2016년 현재 수납된 부담금 규모는 51백만 유로 정도로 이 가운데 35.3%에 해당하는 18백만 유로는 대도시권의 공공주택건설기관에 지원됐으며 22.9%(11.7백만 유로)는 사회취약계층을 위한 주택건설기금FNOLLTS, FNAP에 부여되어 주택건설을 위해 절반 이상이 사용되고 있다. 한편 33%(16.8백만 유로)는 중앙정부 토지기관에 귀속되었으며 이 재원의 일부는 지방정부의 토지 확보와 공공 개발을 위해 사용되고 있다.

2. 도시 계획과 연계한 HLM 공급 정책 : 사회적 혼합 지구와 주택공급 특별용지

프랑스는 지역주거 계획의 실현을 위해 도시 계획과의 연계를 시도하고 있다. 90년대 이후 HLM 공급 물량에 초점이 맞춰진 정책과 계획들은 양적 확대에 일정부분 기여했지만 토지 확보의 어려움으로 인해 기대한 만큼의 성과를 내지는 못했다. 또한 이전과 같이 도시 외곽 등 일부 지역에 공급이 집중되어 계층 간 공간적 분리 현상이 심화되는 문제를 완화시키는 데도 한계가 있었다. 이런 문제의식 속에서 프랑스 정부는 HLM의 균형적 공급과 양적 확대를 위해 기존 도시 내 토지 확보가 매우 중요하다고 전제하고 이를 위한 새로운 제도를 마련하게 된다. 다시 말해, 특정한 용도 지역(지구) 등을 신설하여 특정 유형의 주택 공급을 강제하며 기존 도시 계획 규정을 완화(변경)할 수 있는 방안을 만들었다.

이는 두 가지로 구분해볼 수 있다. 첫째는 통상적으로 '사회적 혼합 지구Secteurs de Mixite Sociale'라고 불리는 특별 용도지구로 2006년에 처음 선보인 이후 2009년 '배제에 대한 저항과 주택을 위한 법loi de mobilisation pour le logement et de lutte contre les exclusions, loi MOLLE'을 통해 변경되어 현재는 도시 계획 법전code de l'urbanisme의 123-1-5조 2항 4호에 규정되어 있다. 이 조항은 우리나라의 도시 기본 계획과 도시 관리 계획을 합친 것과 같은 지역도시 계획PLU에 "도시지역 또는 시가화 예정지역 안에서 사회적 혼합의 목적에 부합하는 여러 유형의 주택 공급 계획 실현을 위해 이들의 공급비율이 규정된 일정한 구역의 범위를 정할 수 있다."라고 명시하고 있다. 이를 근거로 우리나라의 시군에 해당하는 꼬뮌과 이들의 연합체는 사회 주택 공급 확대를 위한 구역을 지정하고 그 구역의 토지 이용 조건을 완화할 수 있으며 공급 비율(호수 또는 면적) 역시 결정할 수 있다. 현재 이 제도를 운영하고 있는 지방정부는 자신들의 지역 특성에 맞게 사회주택 유형별로 다양한 공급비율을 적용한 '사회적 혼합 지구'제도를 운영하고 있다.

두 번째는 '주택공급을 위한 특별용지'로 이는 도시 계획 법전 123-2(b)조에 규정되어 있다. 이 조항은 사회적 혼합에 부합하는 주택 공급 계획의 실현을 위해 지역도시 계획에 특별용지를 지정할 수 있도록 명시하고 있다.

두 가지 수단의 차이는 명칭에서 보듯이 공간적 범위와 운영방식에서 찾을 수 있다. 즉, 사회적 혼합지구는 한 블록 이상 다수의 가로구역 정도의 규모를 의미하는 반면 주택을 위한 특별 용지는 필지 단위의 규모로 전자보다는 규모가 작다고 볼 수 있다. 제도의 운영 측면에서도 후자는 전자보다 더 많은 사회주택 공급비율을 강제하며 소유권 포기droit de délaissement와 같이 소유자의 자유로운 권리를 제한할 수 있어 보다 강력한 장치로 볼 수 있다.[8] 지자체는 3년마다 제도 운영의 성과를 평가하고 이와 관련된 지역도시 계획의 내용을 개정할 수 있다.

한편, 이와 같은 제도와 연계하여 수요가 많은 도심에 사회주택을 포함한 전반적인 주택 공급을 활성화하기 위해 밀도 규제를 완화해주고 있다. 도시 계획 법전 127-1조는 20% 한도에서 용적률을 완화할 수 있도록 규정하고 있다. 또한 128-1조는 주거용 건물을 건설할 때 친환경 에너지 기준을 준수하면 20% 범위에서 용적률을 완화할 수 있도록 규정하고 있다. 따라서 사회주택을 친환경 기준에 맞춰 건설하는 경우, 이론적으로는 용적률을 1.4배까지 높일 수 있다.

....

8   loi MOLLE는 사회적 혼합 지구의 대상주택을 모든 주택(공공 또는 민간 소유의 임대와 분양 주택)으로 확대했으며 이로 인해 2009년 이후 소송이 크게 증가하였다.

3. 파리시(Ville de Paris) 사례

1) 사회주택 부족 지구(zone de déficit en logement social)

파리시의 경우, 사회적 혼합과 HLM을 포함한 주택공급 확대를 지역도시 계획의 주요한 목표로 삼고 위에서 언급한 제도적 장치를 적극적으로 활용하고 있다. 우선 파리의 지역주거 계획에서는 사회적 혼합 지구를 '사회주택 부족 지구zone de déficit en logement social'라고 지칭하며 이 구역에서 건축되는(정비사업 등을 포함) 주거용 건물의 연면적 30% 이상을 임대용 사회주택으로 할당하도록 규정하고 있다.[9] 이 지구의 경계는 IRIS(파리시를 860개 구역으로 구분한 지리정보체계)를 따르며 각 구역에 대해 전체 주택 재고 대비 사회주택 비율이 20%에 미치지 못하는 구역에 대해 사회주택 부족 지구로 지정했다. 2012년 기준으로 사회주택 부족 지구의 면적은 3,834ha이며 이는 파리 전체 면적의 약 45%, 지역도시 계획 PLU에서 규정한 도시지역의 55%에 해당하는 매우 넓은 면적이다.

이와 더불어 파리시는 주거에 따른 계층의 균형적 분포를 위해 사회주택 미부족 지구zone non-déficitaire en logement social도 지정하고 있다. 이 구역은 사회주택 부족 지구와 다르게 중산층을 위한 임대주택(PLS 등) 공급에 대한 의무 규정을 적용하고 있다. 다시 말해, 이 구역에서 주거용 건물을 신축 또는 정비할 경우 주거용 연면적의 30% 이상을 중산층을 위한 임대주택으로 공급해야 한다.

....

9   연면적 800m^2 미만 규모는 제외하며 토지를 분할한 경우, 이전 토지에 대해 규칙을 적용한다(PLU Paris, Réglement, Tome I, pp.47~48, 2016년 7월 승인).

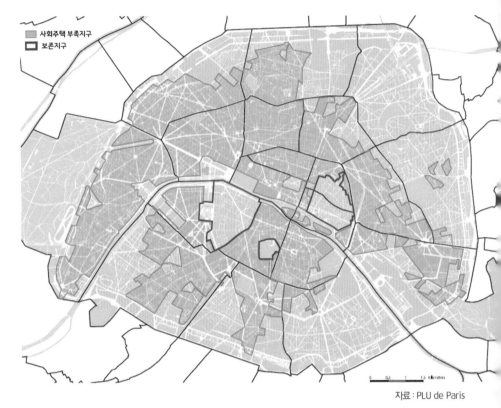

자료 : PLU de Paris

그림 5 파리시 사회주택 부족 지구 지정 현황

2) 주택공급을 위한 특별용지

사회주택 등의 공급을 위한 특별용지에는 주택과 사회주택 또는
중산층용 임대주택의 의무 공급 비율이 적용된다. 이 비율은 LS
x-y 또는 LI x-y 등과 같이 표시되며 여기서 LS는 사회주택을 LI는
중산층용 임대주택을 의미한다. 또한 x는 건축연면적 가운데 주
거용 연면적의 비율을 나타내며 y는 사회주택이나 중산층용 임
대주택 비율을 의미한다. 예를 들어 LS 100-100은 건축 연면적의

사회주택
중산층용 임대주택
분양주택
민간주택
미확정

자료 : Dorel, V., LES DISPOSITIFS EN FAVEUR DU LOGEMENT DANS LES PLU DES COMMUNES DE LA MÉTROPOLE, APUR, 2017

그림 6 파리시 및 주변지역의 주택공급을 위한 특별용지 지정 현황

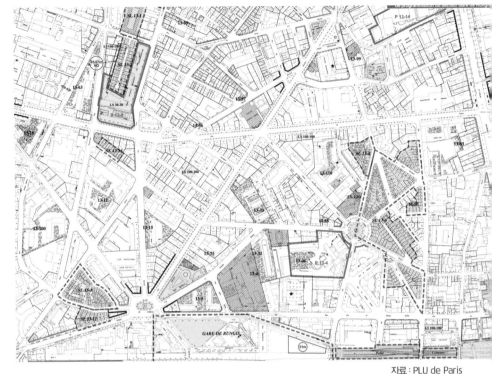

자료 : PLU de Paris

그림 7 LS, LI 사례

100%를 주거용으로 할당하고 이들 모두를 사회주택으로 공급해
야 한다는 것을 의미한다. 2016년 7월에 승인된 지역도시 계획에
는 LS 25-25, LS 50-50, LI 30-30, LI 60-60, LI 100-100, LS 100-100 등 각
용지가 속한 지역의 특성에 따라 매우 다양한 비율의 조합이 나타
나고 있다.

제도가 처음 도입된 2006년에는 107개의 특별용지가 지정됐으며
이후 추가적인 지정이 계속되고 있다. 2017년 현재 파리시에는
417개의 주택공급을 위한 특별용지로 지정되어 있으며 이 가운데

91.6%(382개)가 사회주택용으로 지정되어 있다.

한편, 파리시는 사회주택 의무 공급 지역에 용적률 완화 규정을 적용하고 있다. 이에 따라 파리 북쪽과 동쪽 지역의 기준용적률(300%)을 최대 420%까지 완화하여 사회주택을 포함한 더 많은 주택의 공급을 촉진하고 있다.

이 같은 노력을 통해 2009~2012 동안 718,208m²에 해당하는 주거 연면적이 신규로 공급되었다. 이는 이전의 같은 기간(2006~2009) 동안 공급된 면적(464,075m²)보다 54% 이상 늘어난 규모다. 여기에 업무용 건물 등의 공간을 주거용으로 전환하여 얻은 245,126m²까지 더하면 이 기간 동안 파리시에 공급된 건물 연면적의 57.5%가 주택으로 공급됐다고 볼 수 있다.

4. 시사점

프랑스의 '사회주택에 대한 지역 쿼터제'나 '사회주택 공급 확대를 위한 도시 계획적 수단'들이 나오게 된 배경에는 도시 외곽 지역에 신규개발을 통한 공급이 어렵게 된 이유도 있지만 이보다는 지역별 계층적 균형의 필요성과 수요가 있는 도심에 공급을 확대하는 것이 수요자 측면에서 더욱 바람직하다는 경험이 더욱 중요하게 자리 잡고 있다.

우리나라의 공공임대주택 공급 정책 또는 접근 방식은 예전의 프랑스와 크게 다르지 않다고 보인다. 도심 내 공급 여력이 부족하다는 이유로 단기간에 대량 공급이 쉬운 도시 외곽의 일부 지역에 공급이 집중되는 현상을 쉽게 목격할 수 있다. 우리는 흔히 서울이나 대도시에서 가용 토지 부족으로 공공임대주택의 공급이 어렵다는 말을 한다. 하지만 프랑스, 특히 파리시의 사례를 보면 반드시 그렇지만도 않다고 보인다. 물리적 조건보다 중요한 것은 냉정한 문제의식과 방향 설정, 그리고 정책 의지라고 판단된다. 우리도 균형적인 사회주택 공급과 더불어 수요가 있는, 즉 공급이 필요한 지역에 더 많이 공급이 될 수 있는 제도적 수단이 필요한 시점이라고 판단된다. 프랑스는 문제가 생기고 반세기나 지나 새로운 수단들을 도입했다. 프랑스의 잘못된 궤적을 따라갈 필요는 없다. 지금과 같은 공급방식을 유지한다면 우리도 지역 간 사회적 불균형의 부작용에서 자유롭지 못하며 이는 중장기적으로 정부나 수요자 입장에서도 결코 좋지 않을 것이다. 지금부터라도 공익적 주택의 공간적 사회적 수급 균형을 고려하고 수요자 중심의 공급을 위해 노력해야 한다. 그래서 부작용을 최소화하고 효과를 극대화해야 할 것이다. 프랑스의 제도가 그대로 옮겨지기는 어려울 수 있지만 그 방향성이 일치한다면 많은 교집합을 기대할 수 있는 이유다.

사회적 교류(Social mix)를 통한
일본 도시 근교 노후 공동주택단지 재생

사회적 교류
(Social mix)를
통한 일본 도시
근교 노후
공동주택단지
재생

1. 서 론

한국전쟁 이후 급속한 도시화로 서울을 비롯한 대도시는 유입된
인구의 주거난 해결을 위해 적층방식의 보급형 공동주택단지를
건설해왔다. 60년대 후반부터 공공주도의 시민, 시범아파트단지
를 앞세워 선도했던 공동주택단지개발은 주택건설촉진법(1972)
을 추진체로 1970년대 이후 민간건설시장의 붐을 일으켰다. 대도
시 내에서 시작된 공동주택건설은 도시팽창을 주도하는 도구였
고, 무조건적인 팽창이 가져오는 도시화의 문제에 대응하기 위해
역설적으로 도시의 영역을 제한하였으며, 1980년대 이후 수도권
개발을 시작으로 도 시근교에 신도시 개념의 주거단지가 확대되
었다. 기성시가지의 재개발이 겹겹이 쌓여 있는 도시조직을 재편
하여 공동주택단지를 건설하였다면, 신도시의 경우 인구밀도를
고려한 종합적이고 치밀한 물리적 계획을 통해 진행되었다. 당시
의 넘쳐나는 수요에 대응하기 위한 공기 단축과 일률적인 공급방

식은 주택 품질과 수요자의 요구를 충족시켰다고 볼 순 없지만, 신도시를 형성한 공동주택단지는 초기 도시의 정착과 발전에 직간접적으로 영향을 준 것은 분명하다. 과거 도시설계의 장이었던 신도시는 시대가 변하면서 인구밀도 하락 및 정체에 따른 고령화로 인구 비율 불균형, 건물 노후도 증가, 생활문화 인프라 낙후 등 최근 주거 품질 및 트렌드와 간극이 커지고 있는 실정이다. 교외 단지의 경우 인구사회 변화에 맞추어 재건축을 진행하기에는 사업성이 낮고, 재난 등급 정도의 물리적 노후도가 높지 않아 단지 재생을 통한 물리적·사회적 수명 향상과 삶의 질을 높이기 위한 노력이 요구된다. 하지만 노후 공동주택단지에 대한 국내 연구와 단지 재생 사례를 찾는 데는 한계가 있어, 이에 대한 기초조사와 향후 노후단지의 활용 방안을 모색해볼 필요가 있다. 또한 새정부 출범 이후 재생의 개념이 국정과제에 포함되며 다양한 방식의 도시재생뉴딜사업이 진행 중이지만 노후 공동주택단지 재생은 소외된 부분이 없지 않다. 이에 본 연구는 국내보다 앞서 도시화가 진행된 일본 도시 근교의 노후 공동주택단지 재생 사례를 조사하고 재생 수법 고찰을 통해 향후 관련 연구의 기초자료로 활용하고자 한다. 또한 연구 대상을 명확히 하기 위해 하드웨어의 재생보다 소프트웨어를 중심으로 한 사회적 관계망 형성을 통한 사례에 우선순위를 두어 단지 재생의 지속성에 초점을 맞추고자 하였다. 조사의 방법은 일본 대도시 근교의 노후 공동주택단지 재생 사례를 오랫동안 조사하여 축척해온 openA[1]에서 운영하는 단지R

....

1   openA는 도쿄에 본사를 둔 건축사사무소로 건축설계, 감리, 인테리어, 제품디자인뿐 아니라 도시 계획, 부동산 임대 및 관리, 셰어하우스 및 사무실 운영관리, 집필 등 주거, 사무,

부동산의 사례를 기준으로 관련 웹자료와 문헌조사로 진행하였다.

단지R부동산www.realdanchiestate.jp은 일반적인 토지와 건물의 매매 정보에서 한발 더 나아가 일상생활공간으로 부동산의 가치를 육아, 경관, 공유, 접근성, 전망, 건축, 리모델링, 액세서리 등 종합적으로 다루고 있다. 특히, 전국의 290만 호의 단지[2] 중에서 나름의 매력적인 주거지를 찾아 소개하고 이에 대한 아이디어를 공유하고 있다. 사례조사에 초점을 맞추어 기술하자면, 단지R부동산은 1960~1970년대에 합리적이고 편안한 주거공간을 제공하고자 건설된 교외지역 단지가 현재 물리적, 사회적 노후화를 겪고 있지만, 방관하지 않고 다양한 거버넌스에 의해 새로운 단지사용법의 실험이 진행되고 있음을 주목하고 지속적으로 소개하고 있다. 오래된 단지는 일반적으로 교외라는 입지특성상 풍부한 자연과 인동간격이 넓으며, 공원과 작은 상가, 보육시설 등 최신의 것은 아니지만 부족하지 않을 만큼의 부대복리시설이 마련되어 있다. 그리고 이를 이용하는 느슨하지만 지속적인 유대를 이어온 주민들의 활동 등이 존재한다. 본 사례조사는 단지 조성부터 존재해온 물리적 환경과 이를 적극적으로 활용하는 과정에서 발생된 활동과 장소를 조금은 편안한 방식으로 기술하고자 한다.

....

공공공간 등 거주할 수 있는 다양한 공간에 대한 실험과 정보를 축척하고 이를 미디어와 부동산 등을 통해 일반인들과 소통하고 있다. openA의 대표이사인 馬場正尊(바바 쇼오존) 박사는 도시의 개방장소를 발견하기 위해 도쿄R부동산(www.realtokyoestate.co.jp) 운영을 시작으로 각 지역의 부동산 정보와 살기 좋은 단지 조사(단지R부동산), 쓸모 있는 공공공간(공공R부동산) 등 그 범위와 분야를 확대해가고 있다.

2 단지[団地]는 교외 등의 토지를 열어 큰 현대적인 집합주택이 지어진 지역을 의미하며(출처: 広辞林), 본 사례연구는 교외의 단지형 공동주택을 대상으로 하고 있다.

2. 노후 공동주택 사례 조사

1) 예술가와의 협업을 통한 노후단지 재사용

case 01. 노후단지와 예술의 콜라보로 재생한 토리데시 이노단지

이바라키현 토리데시 이노단지
- 위치 : 이바라키현 토리데시 이노단지
- 건축 : 1969.06~09
- 세대 : 1,698호
- 주호 : 40~52m²
- 교통 : 토리데역(取手駅) 동측 0.8km 이나

1969년 이바라키현 토리데시에 연못모양의 호텔이 있던 자리에 이노[井野]단지가 준공되었다. 현재 50년이 다되어가는 저층의 대단지는 낡지만, 한가롭게 산책을 즐길 수 있는 가로와 아기자기하게 정돈된 시설, 수목, 색채가 보행자에게 부담 없는 경관을 형성한다. 가로를 걷다 마주치는 단지 중심부의 붉은색 상가는 크림색 건물로 둘러싸인 단지 중앙에 새색시 볼에 찍어놓은 곤지마냥 강렬한 인상을 준다. 예전에 이곳 2층 상가에는 미용실, 정미소, 술집 등이 있었지만, 리노베이션을 통해 현재 젊은 예술가들이 밤낮으로 작업하고 거주하는 이노 아티스트 빌리지로 사용되고 있다. 2007년 12월에 재생된 아티스트 빌리지는 2층 규모의 7호로 구성되며, 6호는 작가의 공동작업실 겸 주거공간으로, 1호는 관리실로 활용된다. 도쿄예술대학의 첨단예술표현 수업의 일환으로 시내 답사를 다니다 이노단지를 발견했고, 당시 인근 대형마트에 손님을 잃어 단지상가는 거의 철수가 종결된 상태였다고 한다. 사실 이노단지가 위치한 토리데시는 '예술하기 좋은 도시'라는 닉네임을 가진 곳으로 1991년 일본에서 가장 역사가 깊은 예술대학인 도쿄예술대학이 제2캠퍼스를 토리데시에 설립한 이후 도쿄예대 학생들과 공공, 시민연합 등이 협력하여 1999년부터 '토리데 아트 프로젝트'가 실시된 곳이다. 이곳을 작업실로 개조하는 것을 와타나베 요시아키교 교수가 제안하고, 이후 UR과 협력하여 현실화시켰다. 구조 및 설비공사 등은 전문업자가 시공하고, 그 외의 마감공사는 입주자의 셀프 리노베이션으로 진행되었으며, 상가라는 건축적 특징으로 높은 천정고를 확보하여 작품활동에 용이하고, 2층이 주거공간으로 24시간 작품활동이 가능하여 예술가들에게 호응이 높았다. 아티스트 빌리지의 임대료는 호당 약 6만 엔(관리비 별도)으로 4~5명이 공유하면 경제적이었고, 예술대 졸업생을 중심으로 임대되어 본격적으로 생활과 작품활동이 이어지게 되었다.

작업공간＋거주공간＋대학 인프라뿐 아니라 같은 예술가들의 커뮤니티 등도 활발히 진행되었다. 2008년에는 토리데시 아트프로젝트Toride Art Project[3](이하 TAP)가 이노단지를 중심으로 아티스

....

3   https://toride-ap.gr.jp, 토리데 아트 프로젝트는 1999년부터 토리데시 주민, 토리대시, 도쿄예술대학교 3자가 공동으로 실시하고 있는 아트프로젝트로 젊은 예술가들의 창작발표를 지원하고 시민들에게 예술을 폭넓게 접하는 기회를 제공하여 궁극적으로 토리

트 빌리지뿐 아니라 외부의 예술가의 작품전시가 이루어졌는데, 거주민들과 외부 예술가의 낯선 거리감에서 시작되었지만, 작품 활동의 목적이 관객에게 다양한 감정경험을 주는 것으로 단지 내에는 풍부한 관객이 존재했다. 활동무대가 닫혀 있는 갤러리가 아닌 단지 곳곳의 일상생활공간이 되면서 예술가도 주민도 친근하게 접하고, 풍부한 관계가 형성되었다고 한다. 고령자가 많은 이노단지 주민들은 젊은이가 많아지길 바랐고, 젊은 예술가들은 작업, 거주, 전시할 공간이 필요했다. 단지는 이러한 공간을 제공했다. 특히 2008년 TAP를 통해 모여든 전국의 23개 팀은 단지 내 빈집에서 몇 주간 체류하면서 문화행사를 준비하였고, 그중 여름에만 한시적으로 이용되던 풀장을 활용한 족욕 프로젝트, 함께 어울리며 춤추기 프로젝트, 39년간의 이노단지의 기록 아카이브 영상 등 다양한 활동을 주민 교류를 통해 시도하였다. TAP 이후 매년 입주단지 주민들과 아티스트 빌리지는 느슨하지만 지속적인 관계를 이어가고 있다.

TAP을 시작된 이노단지와의 관계 맺기는 생활 속의 예술 표현을 매개로 교류거점 및 운영을 목적으로 2009년 'Tappino',[4] 2011년 10월에는 '이코이이노＋Tappino'라는 활동 거점을 개설했다. Tappino가 2011년 그 역할을 다음 거점에 넘겨주면서, TAP 실시 본부장 겸 아티스트인 사토 토키히로 씨가 건물 자체를 작품화하였고, 예술과 주민의 거점으로 재탄생한 것이 '이코이이노(휴식)＋Tappino'

....
    데시가 문화도시로 발전하는 것을 목표로 한다.
4   Tappino는 토리데 아트프로젝트 사무국으로 토리데시에서 열리는 작품 공모전, 오픈 스튜디오를 개최하며 새로운 테마를 제시하는 거점공간이다.

라고 하는 개방형 카페공간이다. 이코이이노＋Tappino는 단지 자치회 및 시민자원봉사자들에 의해 공공으로 운영되고, 어린이에서 노인까지 자유롭게 모이며 토리데시 고령복지과의 사업인 휴게소(고령자수용형 보호시설)의 기능도 겸비한 세대 교류의 거점을 목표로 하고 있다. 임대료 100엔을 지불하면, 차를 마시고 주기적인 예술 이벤트에도 참여할 수 있으며, 건강한 호흡법을 가르쳐주고, 가지고 있는 특기를 교환하며, 이전까지 알지 못했던 어렵다고 생각했던 예술이라는 분야의 문턱을 낮추고 일상생활에 풍요로움을 주고 있다. 또한 단지 내의 프로그램과 시설의 re-design 사업으로 Tappino 부지 활용 계획을 UR에 제안(openA와 공동)함에 이어, '단지·이노베이터즈·프로젝트'를 진행하며, 건축부터 예술, 환경과 조명, 지역주민 협업 등 다양한 관점의 팀을 결성하며 프로젝트를 진행하고 있다.

노후단지에서 1999년 도쿄예대 캠퍼스에서 작품활동을 위한 작업실을 사용하면서, 현재는 단지 내 예대생과 아티스트도 거주하고 있다. 젊은 층의 유입은 육아가구를 증가시켰고, 도보권 내에 유치원, 초등학교, 중학교뿐 아니라 단지 내 진료소의 활용도 늘어가는 등 세대 다양성이 늘어가고 있다. 예술가들의 바람이 작품활동과 작품 공유라면 주민들의 꿈은 젊은 사람들이 점점 모이고, 아이를 키우고 아이를 보면서 사람들과 함께 어울리며 살아가는 것이다. TAP 사무국장인 하바라 야스 씨는 학창시절부터 TAP에 관여하였고, 결혼 후 지연이나 혈연은 없지만, 안전과 편안함을 느껴 단지로 이사를 왔다고 한다. TAP 관련 행사를 아들과 같이 볼 수 있고, 주변 아주머니 등도 아이들을 살갑게 대해주며, 여러 세대의 사람들과 맞닿을 수 있는 관계의 중요성을 알게 되었다고 한다. 단지 내 주택은 일반적으로 2DK~3DK형의 40~50m² 규모로 젊은 육아세대가 거주하기에 적합하지만, 단지가 노후화되면서 실제 독거노인 거주 분포도 높다. 일회성으로 그칠 수 있던 TAP가 단지 내 젊은 예술가를 위한 작업 및 거주공간으로 이노 아트빌리지를 UR과 협업을 통해 내어주고, TAP 거점공간을 주민들의 휴식과 예술커뮤니티로 확장하여 단지에 정착시키면서 자치회, 예술가, 자원봉사자들의 자연스런 교류로 이어지고 있다. 이 노단지를 매력적인 주거지로 뽑는 이유는 많은 사람들이 모여 산다는 것이고, 주민의 관계를 이어주는 다양한 장소와 이벤트가 단지 라이프스타일로 정착되었기 때문이다.

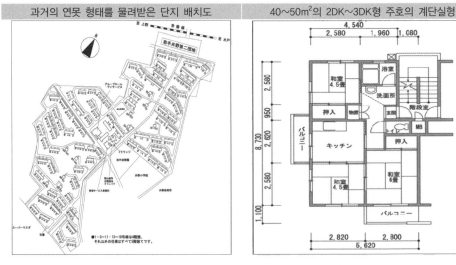

그림 1 이노단지의 배치도와 단위세대 평면도

이노단지의 수영장(프로젝트 전) : 이노단지의 과거 연못을
형상화한 수영장은 여름에 한시적으로 운영

이노단지 족욕 프로젝트 : 수영장에 목재가설물을 설치하고, 남녀
노소 족욕을 즐길 수 있도록 진행한 TAP 프로젝트

그림 2 이노단지의 수영장을 활용한 족욕 프로젝트 전후

단지 게시판에 전시된 작품

젊은 예술가와 지역주민이 연계한 창작활동

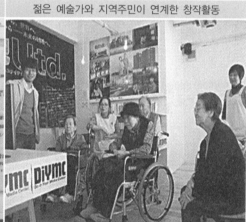

그림 3 이노단지의 예술프로젝트와 커뮤니티

단지 내 노후상가를 리노베이션한 아티스트 빌리지, 1층 쇼윈도가 전시부스로 활용

아티스트 빌리지에 입주한 예술가 공방

그림 4 이노단지 내 아티스트 빌리지

'이코이이노+Tappino'의 개방적 외관

주민과 예술가의 휴식공간이자 협업을 위한 거점공간으로 활용

그림 5 이노단지 내 '이코이이노(휴식)+Tappino'

case 02. 기타모토단지에 등장한 이상한 'Living Room'[5]

이바라키현 토리데시 이노단지
- 위치 : 이바라키현 토리데시 이노단지
- 건축 : 1969.06〜09
- 세대 : 1,698호
- 주호 : 40〜52m²
- 교통 : 토리데역(取手駅) 동측 0.8km 이내

2009년 6월 시책으로 예술과 지역의 교류 거점 만들기 사업인 '기타모토 비타민'의 참가 아티스트로 키타자와 준 야쿠모 씨[6]는 2010년 1월 '거실 기타모토단지' 실시 계획을 확정하고 기타모토단지 자치회와 UR 도시기구와 협의를 거쳐 2월 단지 내 빈 점포를 활용한 'Living Room(이하 거실)' 프로젝트를 시작했다. 일회성으로 진행된 아트프로젝트는 이후 상점가 진흥조합에서 거실 제안

....

5   'Loving room' 프로젝트는 원래 공간과 가구의 물물교환 시스템을 이용하여 지역의 열린 거실을 만드는 아트프로젝트이다. 먼저 도시 빈 점포에 카펫을 깔고, 가정을 방문하여 가구를 수집하여 빈 점포에 하나씩 배치하여 교환할 수 있도록 영업을 시작한다. 물물교환을 통해 변해가는 공간에서 이루어지는 사람달의 커뮤니티를 기록하고 일상에 대해 돌아보는 시간을 가지도록 기획되었다. 자발적인 협력을 통해 단지 내 주민과 세대간 교류로 확장되고 있다.

6   北澤 潤(아티스트, 八雲事務所 대표, www.junkitazawa.com) : 일본 및 국외의 다양한 사회 집단 속에서 일상성의 재건을 영위하는 새로운 사회를 디자인하고 협력적인 일을 통해 특유의 생활 문화로 계속 활성화하는 활동을 전개하고 있다. 대표적인 프로젝트로 지역 내 생활 가구를 모아서 물물교환을 하는 '거실' 프로젝트를 장기간 운영하였고, 수업 후 방과 후에 학교를 만드는 클럽 활동, 가설 주택에 도시를 뜯던 시장을 여는 'my town market' 등이 있다. 최근에는 부탄 왕국, 네팔 연방 민주 공화국 등 동남아시아 국가에서 프로젝트도 맡고 있다.

:: 사회적 교류(Social mix)를 통한 일본 도시 근교 노후 공동주택단지 재생

을 받았고 보조금을 지원받아 지역주민 및 인근 대학생이 점원이 되어 당해 8월에 활동을 재개하였다. 이듬해 4월 다시 거실 프로젝트의 진행 여부를 묻는 설문조사에서 주민의 지지에 의해 최근 2015년 4월까지 5년간 장기간 진행되었다. 매주 주말에 정기적으로 이루어지고 가끔은 평일에도 진행된 'Living Room'은 기타 모토단지 운영위원회와 키타자와 준 야쿠모 사무실이 운영하고, 기타모토단지 자치회와 기타모토 단지 상점회의 협력을 통해 이어졌다.

프로젝트 실행은 2010년 3월 NPO 법인 키타민 랩과 키타자와 준 야쿠모 사무실(현대 미술가)이 단지 내 빈 점포에서 애완동물교류를 시작으로 '거실' 프로젝트가 진행되었다. 빈 점포에 카펫을

1. 빈 점포 바닥 만들기(카펫류)

2. 지역의 집에 있는 불필요한 가구나 생활용품 모집

그림 6 기타모토단지의 Living project process

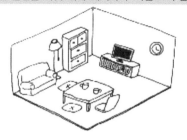 

그림 6 기타모토단지의 Living project process(계속)

설치한 뒤 리어카를 끌고 단지를 다니며 모은 각종 생활용품을 배치하면 '거실'이 완성된다. '거실'에는 할아버지 세대, 부모 세대에 있을 법한 다양한 생활용품이 한자리에 모여 박물관 같은 분위기를 자아내기도 하고 호기심 가득한 아이들과 지나가다 잠시 들린

부모와 마을 어르신들이 이 개방적인 공간을 점유한다. 테이블
게임을 하다 테이블 게임과 옷이 교환되고, 갑자기 들어온 그랜드
피아노가 단골 아이들에 의해 연주된다. 단순한 물물교환장소가
아닌 세대 간 교류와 이웃 간 소통이 일상공간인 단지의 유휴점포
에서 단지를 아우르는 거실로 변모된다. 모인 물건들 중 피아노
나 가라오케 기기에 영감을 얻어 같은 장소에서 다양한 사람들에
의해 다시 보고, 이웃들이 다시 새롭게 재활용하는 것 이상의 일상
생활의 공유로 확대된 것 같다. 매일 접하는 삶을 새롭게 치환하기

그림 7 기타모토단지의 Living project의 일상적 변화

위한 작은 쇼케이스는 함께 모이는 거실공간을 통해 흔한 일상생활문화를 재조명하였다. 어떤 물건이 들어올지와 어떻게 그 공간을 사용할지 예측할 수 없는 변화를 개방된 거실에 마련하고, 거실을 운영하기 위한 규칙이나 리모델링에 대해서는 처음부터 배제하며, 있는 그대로의 공간을 지역주민들이 자유롭게 이용한다는 전제는 심리적인 거리감을 낮추어 보다 다양한 활동을 유발시켰다. 이는 2015년 키타자와 준 야쿠모 씨가 폐점을 알리는 블로그에 적은 글에서 알 수 있듯 뭔가 목표를 향한 것이 아닌 친숙한 공간에 생명을 불어넣기 위해 꾸밈없이 빈 상점을 그대로 이용하고, 지역의 아이들, 주민, 상인회, 자치회, NPO, UR, 예술가의 협업을 통해 5년이라는 적지 않은 기간 지속하여 지역커뮤니티형성이라는 큰 성과를 낳을 수 있었다고 생각된다.

2) 경제활동을 통한 노후단지 커뮤니티 활성화

case 03. 요코하마 와카바다이단지 'Danchi de Marche'

요코하마 와카바다이단지

• 위치 : 가나가와현 요코하마시 아사히구 와카바다이 3-2
• 건축 : 1979
• 세대 : 6,720
• 주호 : 56~124m^2
• 교통 : JR 요코하마선 도카이 치바역 하차 후 남서쪽 버스 10분

:: 사회적 교류(Social mix)를 통한 일본 도시 근교 노후 공동주택단지 재생

1973년 단지조성을 시작으로 1979년 요코하마시 아사히구 동서 1.2km, 남북 0.8km에 고층 아파트 중심의 도시인프라를 갖춘 계획도시 '요코하마와 카바'가 건설되었다. 요코하마시는 도쿄 도심과 근거리에 위치할 뿐 아니라 잔디 대공원을 비롯한 자연이 풍요로운 곳이다. 1979년 분양을 시작한 와카바다이단지는 버블 경제 붕괴에 따른 카나가와 현 주택공급공사 수익 악화로 건설공사가 중단되는 등 어려움을 겪었지만, 현재 6,720여 가구 약 15,000명이 거주하는 대단지이다. 단지 커뮤니티 센터는 잔디 여름축제, 운동회 등 문화, 스포츠 등 다양한 정기행사를 진행하며 주민 커뮤니티를 형성해가고 있다. 단지에는 1979년 건설 당시부터 주택 관리조합과 80년 주택 자치회가 설립되었고, 체계적인 커뮤니티와 다양성을 가진 사회복지 협의회, 보육소, 공공기관 지원으로 노인주택(빈티지 빌라 요코하마), 육아 지원 모임, 커뮤니티 버스 운행(무료, 2011), NPO와 카바(2009), 마을 만들기 센터(2013), 다세대 교류 거점 시설 개소(2014), 육아 지원 사업(2014) 등 살기 좋은 단지를 만들기 위한 관련 거버넌스의 노력이 이어지고 있다.

와카바다이 단지는 대규모의 단지답게 부지 내 여유로운 녹지와 상가, 스포츠 시설 등 부대시설이 배치되어 있어, 젊은 세대에게 여가나 육아환경 등이 매력적이나 동시에 가나가와현 내에서도 고령화의 심각성이 걱정되는 지역이기도 하다. 슈퍼로 혼자 재료를 사가는 노인, 이웃 교류가 줄어든 고령 독신자의 모습 등은 단지의 노후화와 맞물려 있다. 이러한 지역문제를 해결하기 위한 방안으로 단지커뮤니티센터에서는 정기적인 이벤트를 실시하

현지 와카바다이에서 농사를 지어 직영으로 판매하는 상인

단지 마르쉐 관련 기획으로 마련한 텃밭에서 주민들이 재배한 농작물도 판매됨

매월 4주에 정기적으로 개최되는 단지 마르쉐

그림 8 와카바다이단지의 '단지 마르쉐'

고 있는데, 그중 2011년 9월부터 '단지 마르쉐marche'를 매달 4번째 주말에 개최하기 시작했고, 지역의 명물로 자리 잡았다. 단지 마르쉐는 단순히 외부인이 들어와 물건을 파는 장터 개념을 확장하여 지역문제를 해결하기 위해 단지를 열고 문화, 테마, 음식 등의 주제를 시작으로 노후 단지의 새로운 활력을 불어넣기 위한 마을 만들기를 목표로 시도되었다. 행사를 주최한 단지커뮤니티 센터의 담당 타카하시 사토 씨는 "주로 현 내에서 소규모라도 우량 생산자가 직접 재배한 유기농 야채, 과일을 소개하는 것을 시작으로 했고, 농산품의 생산과 판매를 통해 주민들의 교류를 이끌어내고

젊은 세대 눈높이에서 일본 농업 활성화 프로젝트도 참여하는 등 현재는 전국 생산자 교류도 단지 마르쉐를 통해 이끌어내고 있다."라고 한다. 보다 활발한 주민 참여를 위해 단지 내 유휴공간을 텃밭으로 만들어 참여자가 확대되었고, 단지광장은 마르쉐뿐 아니라 야외무대를 만들어 뮤지션의 라이브 음악회도 개최하고, 푸드트럭도 합류하는 등 작은 농작물 장터로 시작한 단지 마르쉐는 쇼핑을 넘어 지역주민들의 교류를 이끌어내고 있다. 자발적인 동아리 부스와 자선활동 등으로 확대되며, 밥상에 신선한 농산품을 올리자는 단순한 명제에서 시작한 와카바다이 단지 마르쉐는 식재료의 교류를 시작으로 단지와 지역을 열어가는 방법을 실천하고 있다. 마르쉐 프로젝트를 진행하는 민간플래너는 "단지 내부는 외부보다 다양한 시설과 개방적인 경관을 가지지만 외부에서 볼 때 보이지 않은 커다란 벽을 가지고 있었다. 프로젝트를 통해 공유할 수 있는 행사와 놀거리가 정기적으로 진행되면서 단지와 지역의 경계가 조금씩 사라지고 있음을 체감한다."라고 한다.

case 04. 무사시 무라야마단지 '고령자 픽업 서비스'

도쿄도 무사시 무라야마단지
- 소재지 : 도쿄도 무사시 무라야마시 미도리카오카 1460
- 주호 : 32~75m²
- 건축 : 1964년
- 교통 : 타마 모노레일 '카미 키타 다미역' 도보 10분

도쿄 근교의 대부분의 노후단지가 그러하듯 무라야마시도 고령 인구가 2012년 기준 65세 이상 45%, 그중 21%가 75세 이상의 초고령화 지역이다. 고령화가 급속화되면서 거동이 불편한 노인들의 외출이 제한되었고, 특히 엘리베이터가 없는 무라야마단지에서 계단을 오르내리고 상가까지 걸어가기는 노인들에게 쉽지 않은 경로였다. 경제적인 이유나 생활권의 변화에 대한 사회적 피로도를 감안할 때 이주 또한 어려움이 있는 노인들을 위해 단지 내 상가에서는 Door to Door 방식의 택배 서비스를 시작했다. 생각보다 반응이 좋아 무라야마상공회와 협력하여 일부 예산도 확보하는 등 효과적으로 안착하였고, 이후 노인들이 직접 상점에 가서 쇼핑을 하고 싶다는 의견이 높아져, 상가회에서는 2009년 시로부터 지원금을 받아 삼륜자전거를 개조한 노인 픽업 서비스를 실시하게 되었다. 마이도 택배라고 부르는 픽업 서비스 삼륜차는 상가 상인과 외부 자원봉사자로 운영된다.

자택에서 픽업 서비스 사무실로 연락하면, 운전자가 해당 집으로 찾아와 상점으로 픽업해오는 방식이다. 삼륜차는 팝적인 색상의 빨강과 노랑의 산뜻한 색상에 앞쪽에 좌석이 있고, 뒤쪽에 운전자가 배치된다. 운전수인 신카이 코시로 씨는 단지주민으로 여든이 다 되어가는 무직의 노인에게 일거리와 이웃과 만날 수 있는 기회를 주어 만족한다고 한다. 또한 이 차량은 단순히 상가로의 픽업뿐 아니라 단지 내 진료소, 재활센터 통학도 맡고 있으며, 특별히 신청이 없는 시간에는 지역포괄지원센터에서 독거노인을 돌보기도 하는 등 단지 차원의 복지 서비스로 활용된다. 택배사업을

삼륜차 방식의 고령자 픽업 서비스	일대일 맞춤 픽업으로 주동과 상가를 왕복

단지 내 픽업 서비스 사무실	상담 중인 직원

무라마야 단지 중심부에 위치한 저층 상가 전경

그림 9 무라야마단지 상가를 중심으로 운영되는 '고령자 픽업 서비스'

시작으로 픽업 서비스, 독거노인 돌보기 등 다양한 서비스와 그에 따른 일거리가 지역상가, 단지생활권에서 이루어지고 있다. 통상 단지상가의 수명을 30년 정도로 보는데, 무라야마단지 내 상가는 46년 이상 잘 운영되고 있다는 상인의 인터뷰는 단순한 고객과 점원이 아닌 지역주민과 상생하는 또 다른 이웃으로서 상가주민의 돈독한 관계 맺기의 결과가 아닌가 한다.

3) UR과 민간사업자와의 교류를 통한 지역커뮤니티 활성화

case 05. 유휴 주동르네상스로 재생된 '타마다이라숲의 3개 단지'

타마다이라숲
- 소재 : 도쿄도 히노시 타마다이라
- 준공 : 1958년 10월
- 규모 : 약 29.6ha, 250동 2,792호(재개발 전)
- 위치 : JR 중앙선 토요타역 인근

1958년 도쿄도 히노시 타마다이라에 일본주택공단은 구릉지 위에 약 2,800세대, 1~4층의 대규모 저층단지로 건설하였다. 당시 타마다이라단지는 각 호에 전용 정원을 가진 2층 메조넷mesonnette 타입의 테라스 하우스를 중심으로 판상형 주동과 혼합되었고, 기존 숲과 지역 특성을 반영하여 주동, 외부공간, 보행가로를 배치하였다. 건물의 노후화로 1997년부터 재건축사업이 진행되어 현재는

'타마다이라의 숲'으로 불리고 있다. '타마다이라숲'은 다양한 규모의 건축물과 자연공원으로 조성되었지만, 과거 타마다이라단지의 5동의 빈집이 남았고, 이를 활용하기 위해 고민하던 도시재생기구UR는 민간사업자에게 15~20년간 건물을 임대하여 부흥시키는 '주동르네상스사업'으로 활용하기로 하였다. 사업에 참여한 3개의 민간사업자는 독자적으로 리노베이션 후 2011년부터 순차적으로 임대사업을 진행하였는데, 흥미로운 것은 각기 다른 사업주에 의해 진행된 5동이 하나의 공원처럼 통일감을 가지고 있으며, 단지 내 주민뿐 아니라 인근 주민들과 자유롭게 왕래하며, 일상생활공간으로 활용되고 있다는 점이다. 5동의 주동은 전원형 커뮤니티 주택 'AURA243 타마다이라숲', 단지형 셰어하우스 '리에와 타마다이라' 그리고 고령자형 커뮤니티 주택 '유이 – 마루 타마다이라숲'이다. 3개의 사업은 UR의 공공자산을 민간사업자와 연계하여 건물 리노베이션을 통한 임대사업을 추진한 수익구조를 가진 사례임과 동시에 지역사회의 문제를 커뮤니티 활성화와 다양한 거주계층의 요구를 충족한 포괄적인 의미의 르네상스 사업으로 볼 수 있다. 연접한 3개 단지인 타마다이라숲은 '세대를 넘어, 사람과 사람, 사람과 지역과 연결되는 공동체 매듭'을 목표로 운영 중이며, 2012년 굿디자인상(지역 및 커뮤니티 만들기 부문)을 수상하기도 하였다.

재개발 전 타마다이라단지 전경(출처 : UR) : 1~4층의 저층단지가 규칙적인 배열로 주거지구를 이룸

현재 타마다이라숲 위성사진(출처 : 구글맵) : 붉은색 부분이 UR의 주동르네상스사업을 통해 새롭게 재생된 5개 동의 단지

그림 10 개발 전후 위성사진

전원형 커뮤니티 임대주택 'AURA243 타마다이라 숲'

단지형 셰어하우스 '리에와 타마다이라'

고령자 커뮤니티 임대주택 '유이-마루 타마다이라 숲'

그림 11 주동르네상스 사업을 통한 3개의 차별화된 노후단지 재생

① 전원형 커뮤니티 주택 'AURA243 타마다이라숲'

Tanabe-bussan(타나베물산주식회사)[7]은 과거 243동인 임대주택 한 개동을 리노베이션하고, 덴마크어로 숲의 요정이라는 뜻의 Aura와 합성하여 'AURA243 타마다이라숲'이라 칭하였다. 'AURA243 타마다이라숲'은 단지 이름에서 알 수 있듯이 도시에 살며 한적한

....

7 http://www.tanabe-bussan.co.jp, http://www.tanabe-bussan.co.jp/aura243

시골마을의 쾌적함을 즐길 수 있는 슬로우라이프를 테마로 하고
있다. 야드하우스라고 불리는 주동은 4층 규모로 42.3m²의 동일
한 주호구성을 가지고 있는데, 1층의 경우는 별도의 정원을 두어
라이프스타일에 따른 선택의 폭을 넓혔다. 부대시설로는 주민들
이 함께 키우는 임대텃밭, 오두막이 딸린 정원, 바비큐를 할 수 있
는 정자 등 다양한 커뮤니티 장소를 바탕으로 일상생활의 풍경을
바꾸어놓았다. 이뿐만 아니라 주민축제 및 지역행사, 농작물 정
보나 주민회의 등 온·오프라인을 통해 주민과 관리 운영도 진행
하고 있다. 특히 단지 내 임대텃밭은 거주자뿐만 아니라 지역주
민도 취농을 할 수 있는 농지를 부여받아 가꿀 수 있도록 하였으

AURA243은 4층 규모의 1개 동으로 테라스하우스와 일반주호 총 24호로 구성됨. 단지 내에서는 임대텃밭, 임대정
원(2종류), 커뮤니티 정자 등이 있으며, 주차장 및 자전거 보관대 등이 부대시설로 마련됨

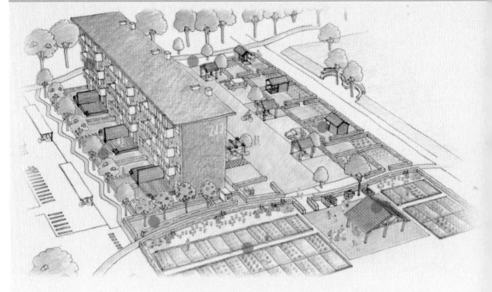

그림 12 AURA243 타마다이라숲의 조감도와 단위세대 평면도

야드 하우스 1층 6호 : 42.3㎡ 단위세대가 2호씩 계단실로 연 되며, 접지층은 별도의 테라스 정원(52㎡)을 갖춤

야드 하우스 2~4층 18호 : 42.3㎡ 동일한 단위세대 1LDK 타입으로 소형으로 구성됨

그림 12 AURA243 타마다이라숲의 조감도와 단위세대 평면도(계속)

입주자의 신청을 통해 오두막을 갖춘 공용정원(3칸, 39~47㎡)과 전용정원(3칸, 27~41㎡)을 통해 작은 별장공간을 월단위로 임대하여 사용 가능

임대텃밭(8㎡, 45칸)은 입주민뿐 아니라 지역주민도 사용 가능하며, 전문재배교육 및 재료, 기구등도 기업 농업 미디어와 연계하여 활용 가능

단지 내 정자가 있는 야외 이벤트 공간에는 싱크대와 수도 등이 마련되어 있어 다양한 커뮤니티 행사가 이루어짐

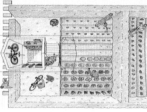

그림 13 AURA243 타마다이라숲의 전원형 테마공유공간

며, 이를 활용한 추수감사제, 바비큐 행사 등도 진행한다. 이렇게 개방된 단지는 단지 내 주민과 지역주민의 생활이 자연스레 관계를 맺어 긴밀한 생활권을 형성하고 있다.

② 단지형 셰어하우스 '리에와 타마다이라'

도쿄전력부동산은 2개동을 임대해 학생과 20~30대 독신자를 중심으로 한 공유주택으로 단지형 셰어하우스인 '리에와 타마다이라'⁸로 재생하였다. 기존 3K 배치의 주호를 3개의 방과 공용공간과 미니주방으로 리노베이션하고, 3명이 공동생활을 하도록 하고 있다. 주동 1층에는 공동부엌, 라운지, 세탁소를 두어 요리와 커뮤니티를 즐길 수 있도록 하였다. 현재 2동 모두 양호한 거주성에 대응하는 임대율을 보이고 있지만, 처음에는 순탄치 않았다고 한다. 효율적인 운영을 위해 '에디터'라는 제도를 두어 셰어하우스 운영자격인 임대자를 모집하였고, 젊은 건축가, 학생, 현지가 고향인 사람, 젊은 주부 등이 참여하였다. 에디터들은 단지 내 이벤트와 참여형 프로그램을 두어 교류의 장을 넓혔고, 이러한 일상생활을 기록하여 지역에 잔잔한 파문을 일으켰다. 인접한 고령자주택 '유이 - 마루 타마다이라숲'의 어르신들과 행사를 주최하거나 지역행사인 타마다이라숲 지구의 재건축과 관련된 자치회 행사에 참여하는 등 세대와 지역을 소통하는 젊고 활력적인 추진체 역할을 하고 있다.

2동으로 구성된 '리에와 타마다이라' 중 한 동은 일반 신청자가, 다른 한 동은 인근대학 국제 교류 숙소로 사용되고 있는데, 유학생과 일본 현지 학생들의 국제 교류와 최근 적극적인 유학생 유치에 있어 주택문제 해결을 위한 좋은 대안이기 때문이다. 외국 유학생들에게 언어 및 문화 차이와 함께 주택문제를 종합적으로 해결할 수 있는 셰어하우스는 학업과 지역의 문화체험뿐 아니라 지역민과의 교류의 장으로 기능한다. 실례로 인근 고령자 주택의 노인들의 도움으로 일본 전통의상인 유카타 복식을 배우고, 본오도

....

8 http://www.share-place.com/project/tamadaira

주거복지 해외 탐방 : :

| 표준형 개인실(1호 3인 구성) | 스튜디오 타입(2호 별도주성) | 세대 내 간이주방 |

그림 14 리에와 타마다이라의 개인공간

| 공용주방과 라운지 | 데크와 연계된 공용 휴게실 | 우드 데크 테라스(3곳) |

그림 15 리에와 타마다이라의 공용시설

리,[9] 떡매 치기 등 전통문화를 일상 속에서 경험하고, 지역행사에 자연스럽게 참여하고 있다. 다른 한 동 역시 일반 신청자에 의한 셰어하우스를 운영하고 있으며, 다른 지역대학에서도 여러 호를 임대하여 유학생이나 학생들의 주거용으로 이용하고 있다고 한다. 교외로 이전하거나 분교방식의 대학 주변의 노후주거단지와 매칭을 통한 청년주거를 해결하는 아이디어의 가능성을 확인한 사례이기도 하다.

....

9   ぼんおどり [盆踊(リ)] : 일본 전통문화로 음력 7월 15일 밤에 남녀들이 모여 추는 윤무로 정령을 맞아 위로하는 뜻으로 행한 행사이다(출처 : 도쿠가와이에야스 사전).

:: 사회적 교류(Social mix)를 통한 일본 도시 근교 노후 공동주택단지 재생

③ 고령자 커뮤니티 주택 '유이 - 마루 타마다이라숲'

5개 중 남은 2동은 교외지역의 공통된 사회문제인 고령인구에 초점을 맞춘 고령자 커뮤니티 주택 '유이 - 마루 타마다이라숲'[10]으로 재생되었다. 2011년 9월에 리노베이션 준공 후 10월부터 입주가 시작되었으며, 주호는 41.96m² 규모의 63호로 구성된다. 주동은 2가지 지역하우스 31호와 서비스 고령자용 주택 32호로 구분되며, 고령자용의 경우 60세 이상일 경우에 입주 가능하다. 입주비용은 입주 시 일괄로 임대비 지급 후 월 관리비 및 서비스비를 지급하는 방식으로 이용 가능하며, 24시간 365일 상주하는 직원과 의료(의료법인 및 치과진료소 협약), 생활활동지원 등의 서비스가 지원된다. 단지의 목표는 일반 고령자 주택과 같은 서비스와 거주공간 제공의 일방적인 관계에 그치지 않고 그 거주자와 관리자 간의 완만하게 이어지는 관계에 있다. 주택 계획 단계부터 입주 희망자와 수차례의 워크숍을 진행하여 서로 간의 상호 이해를 높이기 위해 노력하였고, 그 결과 입주자 간 점유와 공유의 개념을 교류의 방식으로 소통하고 있다. 이 같은 노력에 힘입어 2010년 제2회 노인 등 거주 안정화 추진사업에 선정되기도 하였다. 유이 - 마루에서 실시한 입주자 대상 설문(2017년)에 따르면 입주를 결정한 계기가 노년의 고독과 안전 등에 대한 불안과 자식들에게 부담을 주기 싫기 때문으로 조사되었고, 더하여 교통·병원을 포함한 생활인프라와 풍부한 자연환경에 만족하기 때문으로 나타났다. 유이 - 마루에서 주최한 기억에 남는 이벤트에 대한 질문에서

……

10 http://yui-marl.jp/tamadaira, www.c-net.jp/tama

그림 16 유이 - 마루 타마다이라숲의 개인공간

그림 17 유이 - 마루 타마다이라숲의 공용공간

그림 18 유이 - 마루 타마다이라숲의 커뮤니티

는 유이 - 마루 5주년 문화축제를 꼽았으며, 그 이유는 거주자 작품전시, 지역대학 피아노 연주 및 유학생들의 자국 소개, 바자회 등 지역주민들과 직접적인 교류로 이어졌기 때문이었다. 이벤트 만족도에서 언급되듯 입주민뿐 아니라 인접지역 이웃주민과의 뜨개질 교실, 떡방아 대회, 유학생들과 함께 하는 전통문화 체험 등 정기적인 교류 활동도 이어지고 있다. 유이 - 마루 타마다이라는 초고령화 사회와 노후 아파트단지의 방치를 민간의 창의적인 아이디어를 바탕으로 고독했던 삶이 세대 간 교류와 이웃지역 간의 커뮤니티로 삶의 활력을 받아 즐겁게 거주할 수 있는 공간으로 재사용된 사례로 노인전용주택이 제공하는 주거와 물리적 의료 행위 외에 교류를 통한 사회적 건강의 중요성을 엿볼 수 있다.

3. 결론 : 다시 쓰는 단지 설명서, 함께 쓰는 단지 설명서

올해 6월 27일 자 서울시 보도자료에 따르면, 서울시는 공동주택 리모델링 사업 활성화 및 지역사회에 열린 아파트 조성을 위해 '서울형 리모델링 시범사업' 7개소를 선정하고, 리모델링 기본설계 및 타당성 검토를 지원한다고 한다.[11] 선정된 7개 단지는 준공 1989~2002년으로 노후 정도가 다양하며, 용적율 231~308%의 15~18층 규모의 중고층으로 이루어졌다. 주요 선정 내용은 단지의 현황과 주민 설문, 부동산 및 사업 실현 가능성뿐 아니라 지역

....

11   서울시 보도자료, 2018.6.28., 서울시, '서울형 리모델링 시범단지' 7개소 선정(주택건축국 공동주택과).

공유시설 설치 및 공공성 적용 방안이 포함되었다. 이를 통해 노후화된 공동주택의 주거환경 개선, 단지 내외의 커뮤니티의 확장과 서울형 리모델링 가이드라인의 기초를 마련하기 위해서이다. 분양을 고려한 사업성에서 나아가 살고 싶은 정주공간의 마련이라는 1차적 목적에 따라 커뮤니티 확장을 통한 기존 노후단지의 새로운 사용법이 필요한 시기이며, 저층 주거지와는 다른 새로운 단지 사용법에 대한 고민과 실행이 함께 이루어져야 할 것이다. 조사연구를 통해 다룬 일본 노후 교외 주거단지의 시사점으로 글 맺음을 한다.

1) 지역자원 교류를 통한 단지 재생

노후단지의 반복되는 일상에 지역예술대학의 예술활동과 이를 통해 마련된 아트빌리지와 휴게거점공간(이코이이노＋Tappino)은 이노단지의 활력을 불어넣는 자극제로 작용하였다. 단지 내 상가에 개개인의 누적된 시간을 담은 가구와 소품으로 채운 예술 프로젝트 '거실' 역시 무료한 일상을 새롭게 보는 시각을 제시했다. 두 프로젝트의 공통점은 예술과 단지의 연계뿐 아니라 유휴공간을 활용한 주민과 민간관리자의 지속적인 교류가 이어졌다는 것이다. 특히 생소하게 여겨질 수 있는 예술문화를 일상생활을 소재로 하여 주민참여를 이끌어냈고, 주민들의 만족이 동력으로 작용하였다.

2) 일상생활 교류를 확장한 단지 재생

대상 사례인 교외 노후단지는 시설 낙후보다 고령화에 따른 경제, 사회정체가 보다 큰 고민거리였다. 와카바다이단지 커뮤니티 센터는 우선적으로 단지 내 이웃 교류를 목적으로 2011년부터 단지 마르쉐를 개최하였다. 초기에는 바른 먹거리를 공유하자는 장터 개념으로 시작했지만, 음식, 문화, 음악회 행사 등으로 그 범위가 확장되었고, 그에 따라 참여 주체도 상인과 단지 내 주민에서 지역주민과 예술가뿐 아니라 자선단체, 젊은 고객의 정기적 방문 등으로 이어졌으며, 노후단지의 새로운 활기를 불어넣는 마을만들기로 발전하였다. 무아야마단지의 경우 노령자의 경제활동을 지원하기 위해 택배 서비스를 픽업 서비스로 확대하여, 오프라인에서 직접 만나 쇼핑과 이웃교류로 이어진 사례이다. 두 사례는 주민들을 위한 사소한 배려를 위해 자치센터와 상인회에서 시작하였고, 이후 공공의 지원과 주민들의 적극적인 참여와 이용으로 단단하게 지속되고 있다.

3) 공공과 민간사업자 교류를 통한 단지 재생

타마다이라 지구의 재개발로 남겨진 5동의 빈집을 재생한 타마다이라숲은 UR의 '주동 르네상스사업'을 통한 장기 임대 방식의 민간사업 프로젝트이다. 동일한 주호의 5개 동을 수요자 타깃을 고려한 전원주택 커뮤니티 하우스, 대학과 연계한 1인 가구대상의 셰어하우스, 고령자 및 일반 커뮤니티 주택으로 리노베이션을 거쳐 임대되었다. 사업의 취지를 반영하여 하드웨어인 양호한 주택임대뿐 아니라 양질의 서비스와 입주자의 일상적 교류, 단지 간 교류 행사, 단지 외지역민과의 원만한 교류가 이어질 수 있는 프로그램을 단지시설 이용과 행사로 연계함으로써 타마다이라숲의 목표인 '세대를 넘어, 사람과 사람, 사람과 지역과 연결되는 공동체 매듭'을 실현하고 있다.

4) 살고 있고, 살고 싶은 단지의 생생한 일상기록 DB

openA 건축사사무소는 단지R부동산을 통해 2011년부터 과거 도시의 급격한 인구 증가에 대응하기 위해 공급된 교외 아파트단지를 소개하기 시작했다. 같은 형식의 주동과 주호로 둘러싸인 단지가 뭐가 그리 특별할까 하지만, 넓고 푸르른 녹지와 낡았지만 주민들의 행태가 반영된 장소가 곳곳에 숨어 있어 한결 편안함을 주는 것도 사실이다. 이러한 생활에 대한 단지정보는 국내도 그러하지만 일본 내에도 명확한 DB가 없어, 단지R부동산을 통해 단지를 직접 찾고, 꾸준히 기록하며 단지의 물리적·인문적 정보를 축적하여 공유하는 역할을 하게 된다. 단지 내 공간에 대한 기술에서 나아가 어떻게 사용하고 있는지, 단지에서 일어나는 정기적인 행사와 새롭게 개선하기 위한 노력들, 단지 주민들의 일상 생활사를 기록하고, 보다 나은 거주공간으로 사용하기 위한 노력들을 담아내기 시작하였으며, 이를 출판하기도 했다. 공간을 다루는 미디어의 역할은 객관적 상행위를 기반으로 시작되겠지만, 살기 위한 어떤 조건과 내용을 담고 있는지에 대한 다양한 살아 있는 정보와 정기적인 확인을 통한 관리가 필요하다. 만들어내기에 집중하는 것이 아닌 만들어져 있고, 만들어가는 것들에 대한 정보를 알려 주는 것이 실제 '살아볼까?'라는 생각을 들게 한다.

단지R부동산의 메인 화면(http://www.realdanchiestate.jp) : 상단에는 단지 육아, 녹지, 전망, 접근 등 12개의 테마를 두었고, 우측에는 R토픽을 실어 새로운 정보나 이슈를 업데이트한다. 대부분의 내용은 단지R에서 수집한 단지의 정보를 담고 있는데, 각 단지의 역사에서 시설, 공동체 활동, 서비스 등 단지에서의 생활에 초점을 두고 기술하고 있다.

R부동산의 사이트 맵 : R부동산은 도쿄, 오사카 등 지역의 부동산과 단지, 공공 부동산 등 테마를 두어 부동산의 가치를 재산가치뿐 아니라 장소적 가치를 담아 세세하게 기록하고 있다. 부동산 정보 외에도, 고객 참여로 정보를 공유하는 R studio, 리모델링이나 소품을 구입할 수 있는 toolbox, 지역의 공간 및 생활정보를 담은 잡지 real local, 새로운 근로 방식을 실천하기 위한 rework 등 다양한 건조환경의 정보, 사용, 관리 등을 다양한 시각에서 공유한다.

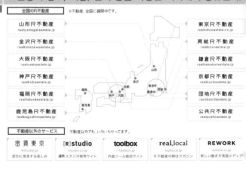

그림 19 단지R부동산 홈페이지

※ 별첨. 단지 리노베이션 아이디어[12]

표 1 노후단지 내 유휴공간 리노베이션 아이디어

집회소 재생	
	노후 공단단지를 중심으로 단지의 거점공간에는 과거 관혼상제를 위한 집회소가 마련되어 있지만, 지금은 그 기능이 한정적임. 현재의 커뮤니티 방식이 변화와 단지 내 접근성과 인지성 등을 고려할 때 열린 공간으로 집회소의 리노베이션을 고민할 필요가 있음. 집회소 앞 데크와 어닝을 설치하여 외부 공간을 마련하고, 실내는 카페, 도서관의 기능을 하는 사랑방으로 사용될 수 있음. 특히 관리 운영의 경우 과감히 민간기업에 맡기면, 단지 내 주민의 서비스와 외부 주민의 이용도 높아져 자연스레 단지의 활력이 높아질 수 있음
단지 내 상가 재생	
	노후단지 상가의 오래된 물품이나 한산한 복도, 색 바랜 간판의 흔적은 단편적으로 단지의 사회적 노후도를 표출함. 하지만 상가는 대부분 단지의 초입에 위치하고 단지 중앙광장, 주차장 등의 매개공간으로 그 활용도가 높음. 상점가 건물을 한정적인 점포로만 여기지 말고 아틀리에, 사무실 등 요구도에 따라 개방하거나 재사용하는 방법을 고려할 필요가 있음. 점포와 연계한 작업공간, 오픈 작업실 등은 다양한 계층과 콘텐츠가 함께 어우러져 활기찬 공간으로 재조명됨을 사례로 확인함
이동식 카라반 시장	
	노후단지는 옥외공간의 상당 부분이 주차장으로 구획되어 이를 임시로 활용한 정기적인 장터를 열 수 있는 구조임. 특히 근교의 경우 쇼핑이나 문화활동을 위해선 도심으로 장거리 이동을 해야 하지만, 이동식 카라반이나 팝업스토어 형식으로 장을 열어 목적행위로 시장을 열고, 장터를 이용한 문화행사를 함께 개최한다면 단지 내외 주민들의 커뮤니티 유발의 장으로 활용될 수 있음. 더하여 계절이나 시기를 고려하여 정기적인 축제를 단지센터, 지자체와 주민이 함께 기획하고 실행한다면, 공동체 형성에서 나아가 지역의 중요한 자산으로 자리매김할 것임
복합단지로의 재생	
	건축, 주택법에 따라 집합주택은 기능의 혼재가 허용되지 않아 노후단지의 경우 빈 집 등 그 활용이 둔화되고 있음. 기존 단지의 용도 변경을 통한 모자이크화를 통해 단지의 라이프스타일을 다양화하는 방안 제안. 일본 단지의 주동은 복도형이 많아 복도는 가로의 역할을 하나 국내는 과거 소형 평형을 제외하고는 계단실형이 많아 동선의 성격이 사적 공간에 가까워 복합용도에 따른 사생활 침해나 동선 혼잡 등이 우려되는 것도 사실임. 따라서 복합용도의 주동의 위치, 활용 주호, 주민 협정 등을 통한 가이드라인을 설정하고, 활용하는 방법도 고려해볼 수 있음

....

12 Open A에서는 단지R부동산을 통해 알게 된 실현 가능한 리노베이션 아이디어를 소개하고 있음. 아이디어의 일부는 실제 사례를 통해 그 가능성을 확인할 수 도 있고, 일부는 실현의 장애요소가 존재한다.

표 2 노후단지 내 1층 공간의 재생

단지의 1층은 사생활과 범죄 두려움 등으로 선호도가 낮으나 접근성이 높아 다양한 일상생활을 공유할 수 있는 잠재공간임

마을 카페	마을 사랑방 역할을 하며, 마을 내 다양한 세대가 교류할 수 있고, 간단한 음식과 차를 먹을 수 있는 기분 좋은 공간을 활성화하는 장소로 주동의 1층 내외부 공간의 활용 방안 제안
육아엄마 전용 오피스	육아와 일을 공유할 수 있고, 경력 단절의 대안 공간을 단지 내 저층에 마련하는 방안으로, 아이들의 놀이터나 학습공간을 공유하며 개방형 오피스로 저층을 활용하는 방안 제안
DIY 공방	가정에서 활용 가능한 간단한 선반 제작이나 오래된 가구의 리폼 등을 위한 도구나 장소를 제공하는 공방은 소음, 냄새, 공간의 부족 등을 해결할 수 있는 알파룸으로 1층 공간을 활용하기를 제안. 정보의 교류와 강사 초빙 등을 통해 지역 내 학생이나 준전문가의 모집 등으로 단지의 활력공간을 기대
포장마차 단지	노후단지는 균질한 인동 간격으로 풍부한 외부공간과 광장이 존재하나 이에 대한 활용에 한계가 존재함. 휴일이나 저녁시간 등을 활용해 노천 레스토랑이나 노천 카페 등을 허용하면, 활기 넘치는 밤의 광장이 펼쳐질 수 있고, 매체에 등장하는 요리 프로그램 등을 활용한 이벤트를 공공, 민간, 주민이 함께 한다면 보다 다양한 볼거리, 즐길거리, 먹거리, 살거리로 확대될 것임
단지 측벽의 활용 (단지 야외극장, 벽화, 놀이터, 녹화 등)	노후단지의 특징 중 하나인 일렬의 판상형 주동의 측벽을 스크린으로 활용하면, 여름 밤 공단 주민들은 별빛 영화관을 만들 수 있음. 밤바람과 잔디 혹은 의자에 모여 앉아 애착공간으로 단지의 곳곳을 재사용하는 방법을 제안. 측벽은 창문이나 별다른 장애요소가 없는 단지 내 하얀 캠퍼스이며, 경관을 형성하는 주요소이므로 벽화, 녹화, 놀이공간, 저층 활용한 임시 용도 공간 등 그 활용성이 높아 단지 특성과 주민 요구를 고려한 프로그램이 필요

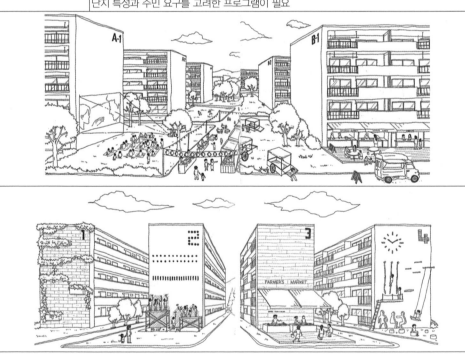

3 노후단지 업그레이드

진, 에너지 등 안전과 자연환경 등에 대한 관심이 높아지면서 신축뿐 아니라 기존 노후단지에 대한 재인식이 높아지고 있
주동 차원의 단지 개선 방안이 필요함

테라스 하우스 리바이벌

과거 일본 단지의 주거 모델 중 하나였던 정원이 있는 테라스 하우스는 접지성과 독립성을
가진 독립공간임과 동시에 벽과 층을 공유하는 공동주택으로 여전히 교외나 유럽에서 주
류의 주호 유형임. 사업성 중심의 고층화, 고밀도화에 따라 공급과 수요가 줄어들었지만,
2000년대 이후 저출산 고령화가 급격히 늘어나면서 집의 개성과 활동의 다양성을 부여하
는 중간 영역으로 독립적인 외부공간을 가진 저층 테라스 하우스로의 리모델링은 표정 있
는 단지경관을 형성할 수 있어 일석이조의 방법

점포주택

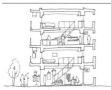

1층과 2층을 하나로 묶은 직주일체형 라이프스타일 주택은 1960년대까지 일본 상가주택
의 주류였음. 그러나 교외 주거지 발달과 규모의 상업시설로 직장과 주거가 이분화되면서
쇠퇴하여 작은 거리형 상가가 쇠퇴하게 되었음. 하지만 최근 Soho 스타일이 늘어나면서
과거의 점포주택의 응용형이 등장하였고, 단순한 소매점포 형태가 아닌 갤러리, 작은 모임
등의 일을 공유하거나 취미 등 라이프스타일을 반영한 오프라인 공간을 1층에 둔 용도복
합형 복층주거의 잠재력이 커지고 있음

SI(Skeleton + infill) 단지[13]

심플한 구조체와 설비 및 가변벽체를 활용한 스켈레톤 구조의 장수명화는 인필부재를 커
스터마이즈할 수 있는 방식으로 라이프스타일과 라이프사이클에 대응하여 사회적 수명을
높일 수 있음. 인구 특성이 변하면서 특히 주호의 임대방식의 다양화가 요구되고 있는 요즘
수요자에 대응할 수 있는 방식의 접근도 고려되어야 함

차고단지

교외의 노후단지는 자가용, 자전거 등 개인 소유의 교통수단의 보유가 높음. 이를 차용하여
필로티나 임대가 어려운 저층을 차고나 늘어나는 레저용품 등을 보관할 수 있는 공간으로
활용하고, 구글이나 애플이 그러했듯 아빠 차고에서 창작공간의 잠재성도 고려해봄직 함.
여유가 생긴 단지의 잉여공간을 새롭게 사용하는 방식에 대한 고민과 행동이 필요함

테마단지

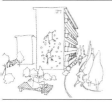

함께 공유할 수 있는 목적이나 취미 등 유사한 라이프스타일을 가진 사람들이 거주하는 테
마단지 조성과 변화도 고려할 수 있음. 목적 자체를 두어 선수단 단지, 대학이나 학원 등 교
육기관과 연계한 단지도 가능하고 취미를 하나의 축으로 두어 공유할 수 있는 전용시설을
집회소나 단지 내 잉여공간을 활용하여 치환한다면 단지의 활용도는 보다 높아질 것임

....

13 SI 주택이란 구조체와 같은 고정 요소인 Skeleton과 설비 등 가변요소인 Infill로 구성된 주
    택구조형식으로 주택의 물리적 수명과 사회적 수명을 향상시키기 위해 사용되고 있으며, 네
    덜란드의 openhousing에서 그 유래를 찾을 수 있다. 국내에서도 국책과제로 2006 장수
    명공동주택 연구를 통해 도입되어 활용되고 있다.

:: 참고문헌

団地に住もう!東京R不動産, 2012(東京R不動産).

주택지의 매력, 2011(사이코 히로코 저, 이기배 역).

http://www.realdanchiestate.jp

https://toride-ap.gr.jp

http://www.livingroom.junkitazawa.com

http://www.junkitazawa.com

http://livingroom-kitamoto.blogspot.com

http://www.wakabadai-kc.or.jp/

www.tanabe-bussan.co.jp/aura243/

www.share-place.com/tamadaira

http://yui-marl.jp/tamadaira

www.c-net.jp/tama/

워싱턴 D.C. 임대 지원 프로그램과 시사점

워싱턴 D.C. 임대 지원 프로그램과 시사점

1. 머리말

미국의 수도인 워싱턴 D.C.the District of Columbia는 인구 69만 명의 도시로, 총주택 수는 34만 호, 자가율이 39.8%이다(2017년 4분기 기준, U.S. Census Bureau). 60%의 가구가 임대주택에 거주하고 있는 만큼 임대 관련 이슈와 임대인 보호정책에 대한 관심이 높다. 특히 워싱턴 D.C.는 미국 도시 중에서도 임대료가 높은 지역인데다 2007년 금융위기 이후의 주택 압류foreclosure 사태를 겪으면서, 임대료 연체와 강제 퇴거, 홈리스homeless 문제가 더 중요해졌다고 할 수 있다.

이에 본 글은 워싱턴 D.C.의 임대 지원 프로그램들을 소개함으로써 우리나라 주거 지원 정책의 시사점을 찾고자 한다.

2. 워싱턴 D.C. 임대주택 시장 현황

미국은 2008년 금융위기 시점에서의 의한 주택시장 위기에서 벗어나 금융위기 이전의 주택 가격을 회복하였고, 2017년의 주택시장 역시 가격 상승세와 거래량 증가를 보이며 회복세를 지속하고 있는 중이다. 다만 2017년 4분기 자가보유율이 64.2%로 2016년 2분기 62.9%에 비해 2.1% 상승하였으나, 2006년 3분기 수준 69.0%을 회복하지는 못한 상태이다U.S. Census Bureau, 2018.

특히 앞서 언급한 바와 같이 워싱턴 D.C.는 자가보유율(39.8%)이 미국에서 가장 낮은 수준으로 임대가구 비중이 매우 높을 뿐 아니라,

주 : 2017년 침실 하나인 주택 평균임대료(월세) 수준
자료 : ABODO(2018)

그림 1 2017년 평균임대료(월세) 상하위 10개 도시

		Biggest Increases						Biggest Decreases		
Rank	City, ST	December 2017 Median Rent	January 2018 Median Rent	% Change		Rank	City, ST	December 2017 Median Rent	January 2018 Median Rent	% Change
1	Syracuse, NY	$1,190	$1,295	8.8%		1	Little Rock, AR	$645	$566	-12.2%
2	Washington, DC	$2,325	$2,453	5.5%		2	New Haven, CT	$1,134	$1,031	-9.1%
3	St Petersburg, FL	$1,038	$1,094	5.4%		3	Columbus, OH	$745	$690	-7.4%
4	St Paul, MN	$1,092	$1,148	5.1%		4	Santa Ana, CA	$1,957	$1,841	-5.9%
5	Charleston, SC	$1,461	$1,511	3.4%		5	Madison, WI	$1,118	$1,063	-4.9%
6	Richardson, TX	$1,198	$1,236	3.2%		6	Cincinnati, OH	$857	$824	-3.9%
7	Phoenix, AZ	$863	$891	3.2%		7	Savannah, GA	$907	$875	-3.5%
8	Fort Worth, TX	$903	$930	3.0%		8	Cleveland, OH	$803	$777	-3.2%
9	Denver, CO	$1,436	$1,476	2.8%		9	San Diego, CA	$1,659	$1,606	-3.2%
10	Houston, TX	$1,034	$1,057	2.2%		10	Baton Rouge, LA	$825	$801	-2.9%

주 : 침실 하나인 주택 중위 주택 가격을 기준으로. 2017년 12월과 2018년 1월을 비교
자료 : ABODO(2018)

그림 2 2018년 1월 임대료 상승률 상하위 10개 도시

임대료 수준 역시 높게 형성되어 있다. 미국 부동산 연구기업인
ABODO에 따르면, 2017년 12월 기준 워싱턴 D.C.의 중위임대가격

(침실 하나 주택one bedroom, 월세monthly payment 기준)은 $2,325로 미국 전체의 중위 임대가격 $1,040에 비해 두 배 이상 높다.

2017년의 월평균 임대료[1]는 미국 도시 중 5번째로, 샌프란시스코 ($3,333), 뉴욕($2,811), 산호세($2,486), 보스턴($2,366)의 뒤를 이어 $2,182(침실 하나 주택one bedroom)로 형성되어 있다ABODO, 2018.

임대료 상승 또한 빠르게 진행되고 있어, 2017년의 워싱턴 D.C. 월평균 임대료 상승률은 1.49%로 분석되었다. 2018년 1월의 중위임대가격은 $2,463으로, 2017년 12월($2,325) 대비 5.5% 상승하였다 (미국 전체 0.58% 상승)ABODO, 2018.

이와 같이 워싱턴 D.C.는 임대수요가 매우 높은 만큼, 임대거주에 많은 비용이 소요되는 도시이다. 이에 워싱턴 D.C.는 임대료 부담으로 인해 주거 안정성이 흔들리는 것을 우려하여 임대료 규제와 임대료 지원 등 임대 지원 정책들을 운영하고 있다.

3. 워싱턴 D.C. 임대 지원 정책

1) 임대 규제 정책(Rent Control)

미국의 임대 규제 정책은 1942년 전시의 주택 부족과 물가 상승에 대응하기 위하여 '비상 가격통제법Emergency Price Control Act of 1942'을

....
1   2017년 월별 중위 임대가격을 바탕으로 월평균 임대료를 산정한다.

제정하면서 시작되었으며, 1950년 이 법이 폐지되면서[2] 임대료 보조 정책으로 방향을 전환하였다. 그러나 워싱턴 D.C.의 경우 지속되는 임대료 문제로 인해 별도의 임대 규제 정책을 운용하고 있다.

워싱턴 D.C.의 임대 규제 정책Rent Control은 임대주택법Rental Housing Act of 1985(DC Law 6-10)에 근거하며, 워싱턴 D.C. 내 모든 임대주택에 대하여 강제 퇴거와 같은 임대인 주거 위기를 방지하기 위해 제정되었다. 관리 주체는 주택도시개발부Department of Housing and Community Dvelopment 내 임대주택과Rental Accommodations Division : RAD로, 모든 임대주택은 워싱턴 D.C. 임대주택과에 등록해야 하고, 등록된 주택은 ① 임대료 규제 대상과 ② 제외 대상으로 분류된다. 또한 등록하지 않은 임대주택은 자동적으로 임대료 규제 대상이 된다. 임대 규제 정책 제외 대상으로는 ① 국가 혹은 워싱턴 D.C. 시정부 보조금으로 지은 주택Federally or District-subsidized, ② 1975년 이후에 지어진 주택, ③ 전문 임대업자가 아닌 개인이 임대하는 민간임대주택,[3] ④ 법이 실효된 시점에 공가였던 주택이 주로 해당된다.

임대 규제 정책은 크게 세 가지 목적에서 시행되었는데, 첫째, 강제 퇴거eviction 위험 방지이다. 본 규제의 적용을 받는 임차인은 계약기간이 만료된 이후에도 세입자를 일방적으로 퇴거시킬 수 없다. 세입자는 임대료 연체가 없고 계약사항에 대한 불이행 사항이 없는 한, 매월 계약을 갱신하며 거주할 수 있다. 이 규정은 자칫

....

2 '비상 가격통제법(Emergency Price Control Act of 1942)'은 1947년 '주택 및 임대료법(Housing and Rent Act of 1947)'으로 변경되었고 1950년 폐지되었다.
3 기업이 아닌 개인이 임차하는 주택을 말하며, 해당 개인이 소유한 임대주택은 4호 이하로 제한된다.

임대인에 대한 재산권 침해로 보일 수 있으나, 주택과 같은 기본 서비스에 대해서는 안정성을 보장하는 것이 더 중요하다는 취지이다.

둘째, 임대료 인상률 안정rental rate stabilization으로, 본 정책을 통해 임대료 인상률을 제한한다. 임차주택위원회가 매년 최고 차임 조정률 고시하며, 워싱턴 D.C. 표준도시통계지역 소비자물가지수 변동률the percentage increase in the urban wage consumer price index(CPI-W)과 연동하여 증액을 제한하게 된다. 이에 임대료 인상률은 일반적으로 10%에서 최대 30%로 제한되고, 임대료 지불 가능성을 급격하게 훼손할 만한 임대료 인상을 금지한다는 의미가 있다. 마지막은 임대료 상한rent ceiling 규제였으나, 본 규정은 2006년 폐지되었다.

임대 규제 정책이 임대료 인상 자체를 막지는 못하나, 강제 퇴거를 금지하고 임대료의 급격한 인상을 방지함으로써 세입자들에게 최소한의 주거 안정성을 제공한다는 점에서 의미가 있다. 다만 제외 대상 범위가 너무 넓다는 비판이 있어 이에 대한 논의가 필요할 것으로 보인다.

2) 임대료 연체 위기 가구 지원 프로그램(Emergency Rental Assistance Program : ERAP)

워싱턴 D.C.의 임대료 연체 위기 가구 지원 프로그램은 주거 위기 housing emergency에 처한 저소득층을 지원하는 제도로, 2007년 처음 도입되었다. 관할부서는 복지부Department of Human Services이고, 주로 임대료 연체로 인해 강제 퇴거 위기에 처한 가구나 홈리스 homeless들을 대상으로 한다.

미국 주택정책에서 논의되는 홈리스homeless는 광의적 개념으로 사용되어, 현재 거주주택이 없어 노숙상태인 사람들뿐 아니라 ① 거처가 일정하거나 적절한 수준이 아닌 경우lack a fixed, regular and adequate nighttime residence, ② 임박한 시일 내에 거처를 잃게 되는 경우imminently lose their primary nighttime residence, ③ 보호자가 없는 아동 (25세 이하), ④ 국가폭력이나 다른 위험 요소에 의해 피난 중인 경우 등 주거 안정성이 심각하게 훼손된 사람들도 포함한다The Homeless Emergency Assistance and Rapid Transition to Housing (HEARTH) Act. 따라서 ERAP와 다음 절에서 살펴볼 재정착 지원 프로그램Family Re-Housing and Stabilization Program : FRSP은 저소득층에 대한 임대 지원 정책임과 동시에 홈리스 지원 정책이라고 할 수 있다.

ERAP 지원 대상은 워싱턴 D.C.에 거주하는 저소득층으로, 가구원에 60세 이상의 노인이나 18세 이하의 아동, 장애인이 있는 가구에 한정하고 있다. 또한 대상 가구의 소득은 가구 수를 고려한 월 연방 빈곤 수준monthly federal poverty level[4]의 125% 미만이어야 한다. 2018년 현재 ERAP 지원 대상의 소득 수준은 4인 가구 기준으로 월 $2,615 미만 가구이다.

ERAP 지원 대상 가구에게는 ① 연체된 임대료(지연수수료 및 법정수수료 포함), ② 주거 이동 시 임대보증금security deposit, ③ 첫째 달 임대료를 지원한다. ERAP 지원금은 위 세 가지 용처로만 사용

....

4   The Federal Poverty Level(FPL, or poverty line)은 미국 통계국(US Census Bureau)에서 매년 발표하는 기준 소득으로 정책 수혜 대상을 결정할 때 사용한다(cf. 기준 중위 소득). 2018년 월 연방 빈곤 수준은 다음과 같다.

할 수 있으며, 공과금utilities, 담보대출금mortgage payments을 포함한 다른 주거비로는 사용할 수 없다.

지원금액은 최대 5개월 치의 연체 임대료 혹은 $4,250으로 제한한다. 다만, 장애인 가구와 다자녀(7명 이상) 가구의 경우 $6,000까지 인상할 수 있다. 임대보증금과 첫달 임대료는 총 $900까지 지원한다. ERAP의 최대 지원금액이 연체된 임대료를 모두 해결할 수 없을 경우, 신청자는 나머지 연체금액을 어떻게 해결할 것인지 제시해야만 ERAP 지원을 받을 수 있다. ERAP 지원은 지원 대상 가구당 연 1회로 제한된다.

실제 지급되는 금액은 해당가구의 소득과 가용자원available resources에 대한 평가를 근거로 결정된다. 워싱턴 D.C. 시정부는 6개의 비영리단체[5]와 계약을 맺고 신청서 접수, 소득·자산 심사와 지원금

....

〈2018 Federal Poverty Guidelines〉

(단위 : US dollar($))

가구 수	48개 주(48 Contiguous States and D.C.)		알래스카(Alaska)		하와이(Hawaii)	
	Annual	Monthly	Annual	Monthly	Annual	Monthly
1	$12,140	$1,012	$15,180	$1,265	$13,960	$1,163
2	$16,460	$1,372	$20,580	$1,715	$18,930	$1,578
3	$20,780	$1,732	$25,980	$2,165	$23,900	$1,992
4	$25,100	$2,092	$31,380	$2,615	$28,870	$2,406
5	$29,420	$2,452	$36,780	$3,065	$33,840	$2,820
6	$33,740	$2,812	$42,180	$3,515	$38,810	$3,234
7	$38,060	$3,172	$47,580	$3,965	$43,780	$3,648
8	$42,380	$3,532	$52,980	$4,415	$48,750	$4,063
가구원 한 명당 추가 금액	$4,320	$360	$5,400	$450	$4,970	$414

5 현재 ERAP 운영에 참여하는 비영리단체는 아래 6개 단체이다.
- 가톨릭 자선단체(Catholic Charities)
- 주거 상담 서비스(Housing Counseling Services, Inc.)
- 구세군(Salvation Army)
- 지역협력단체(The Community Partnership)
- 워싱턴 수도권지역 도시연맹(GW Urban League)
- 계획단체 연합(The United Planning Organization)

액 산정을 담당6하게 하였다. 이들 단체는 ERAP 신청자를 대상으로 서류 심사와 인터뷰를 통해 소득·자산을 심사한 후, 지원 여부와 지원 금액을 통보한다. ERAP 지원 금액은 신청자에게 직접 지급하지 않고, 임대주나 법원 혹은 집행관에게 지급된다. 복지부 통계에 따르면, 2011년에서 2016년까지 ERAP를 신청한 24,990가구의 약 60%에 해당하는 15,717가구가 임대료 지원을 받았다 Department of Human Resources, 2017.

만약 ERAP 지원 이후에도 주거비를 부담할 능력이 없는 경우에는, 다시 주거 위기 상황에 처하지 않도록 하기 위해 사례 관리 서비스case management service 대상으로 관리되는 것에 동의해야 한다. 사례 관리 서비스는 워싱턴 D.C. 거주민을 대상으로 한 주거 상담 서비스housing counseling로, 관련 분야에 전문성을 지닌 상담사가 홈리스 혹은 주거 위기에 처한 가구에게 적합한 지원 프로그램을 소개하고, 프로그램 신청 절차를 지원한다. 상담 서비스는 구체적으로, ① 주거 및 재정문제에 대한 개선방안 모색, ② ERAP 프로그램 자격요건 확인을 포함한 신청 관련 상담, ③ 지원 대상자가 향

....

6 6개 비영리단체는 워싱턴 D.C. 복지부(Department of Human Services)로부터 예산을 받아 프로그램을 운영하며, 2016년 기관별 예산은 다음과 같다.

⟨2016 ERAP Provider Annual Funding⟩

(단위 : US dollar($))

ERAP Provider	FY 2016 Annual Funding
주거 상담 서비스(Housing Counseling Services, Inc.)	$2,354,666
가톨릭 자선단체(Catholic Charities)	$2,111,666
지역협력단체(The Community Partnership)	$2,468,000
구세군(Salvation Army)	$1,611,666
워싱턴 수도권지역 도시연맹(GW Urban League)	$620,000
계획단체 연합(The United Planning Organization)	$620,000

자료 : Department of Human Services

후의 주거 안정성을 유지하기 위해 달성해야 할 목표 설정, ④ 지원 대상자의 여건에 적합한 주거 지원 프로그램 제시, ⑤ 지역상담센터 연계를 통한 지속적인 자립 기반 지원, ⑥ 임대인, 지원 프로그램 담당자와의 면담 시 변호사 지원 등 저소득층에 대한 주거비 지원이 단발성 정책에 그치지 않도록 보조하고 있다.

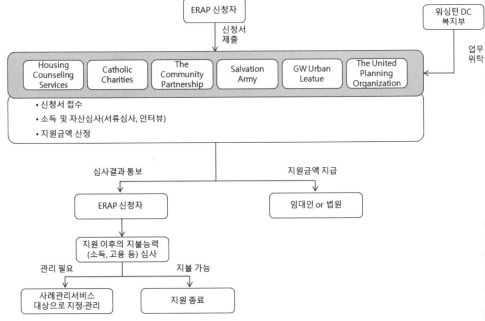

그림 3 ERAP 지원 구조

3) 재정착 지원 프로그램(Family Re-Housing and Stabilization Program : FRSP)

FRSP는 주택을 잃어 홈리스가 된 사람들이 최대한 빨리 재정착할 수 있도록 지원하는 프로그램으로, 거주할 주택을 찾아보는 단계부터 입주하는 단계까지 지원하고 초기 임대료를 제공한다. FRSP 역시 워싱턴 D.C. 복지부 소관이고, 버지니아 윌리엄스 가족 지원센터Virginia Williams Family Resource Center가 총괄 운영, 가톨릭 자선단체Catholic Charities가 사례 관리case management를 책임지고 있다.

지원 대상은 워싱턴 D.C. 내 가족 보호소family shelter에서 보호되고 있는 가족들 중 지역사회 협력단체The Community Partnership(TCP) for the Prevention of Homelessness[7]가 추천하는 가족으로서, ① 17세 이하의 자녀가 있고, ② 기준 중위 소득area median income : AMI[8] 40% 이상의 소득이 있는 가구를 대상으로 한다. 신청자들은 FRSP 지원이 종료된 이후 임대료를 지불할 능력이 있음을 증빙해야 한다.

지원대상자들에게는 새롭게 입주하게 될 거처의 4개월 치 임대료가 지원된다. 또한 FRSP 정책은 거처 안정 문제에 한정하는 것이 아니라 향후의 예산 운용, 취업 준비, 교육, 건강문제 등 자립적

....

7 지역협력단체(The Community Partnership(TCP) for the Prevention of Homelessness) : 비영리단체로 워싱턴 D.C. 홈리스 정책을 대행한다.
8 Area Median Income(AMI)은 미국 통계국(US Census Bureau)에서 매년 발표하는 지역별 기준 소득. 2017년 워싱턴 수도권지역(DC Metropolitan Region)의 기준 중위 소득은 다음과 같으며, FRSP 지원 대상은 기준 소득의 40% 이상이 되어야 한다.

〈2017 The AMI in the DC Metropolitan Region〉

(단위 : US dollar($))

가구 수	Median Household Income	FRSP Eligibility
1	$76,020	$30,408
2	$86,880	$34,752
3	$97,740	$39,096
4	$108,600	$43,440
5	$117,290	$46,916
6	$125,980	$50,392

생활을 위한 종합적인 서비스를 제공한다.

지역사회 협력단체TCP는 FRSP의 실질적인 운영을 대행하는 기관으로, FRSP 대상자 선정부터 면담, 실태 점검 등을 담당하고 있다. 신청자에 대한 지원 금액을 우선 지급한 후 소득 수준과 고용상태 등을 근거로 평가했을 때 사후 관리가 필요하다고 판단되는 가구에게만 사례 관리 서비스를 적용하는 ERAP와 달리, FRSP는 지원 시스템 자체에 사례 관리가 포함되어 있다. FRSP 사례 관리 담당자들FRSP case managers이 지원 대상 가족들을 매월 면담하여 실태를 점검하고 개선이 필요한 부분, 자립을 위해 달성해야 할 목표를 확인한다. 가구 구성원들의 목표 달성치를 바탕으로 익월 임대료가 지급되어, 지원 대상 구성원들은 고용상태 유지, 예산 관리, 신용 회복, 교육·연수 등의 노력을 해야 하고, FRSP 사례 관리 담당자들이 필요한 사항들을 지원한다. 자립을 위한 노력 상태를 매월 평가·지원하는 바탕 위에 주거비를 지급하는 구조라고 할 수 있다.

4. 시사점

워싱턴 D.C.의 대표적인 임대 지원 정책 세 가지를 살펴보았다. 첫 번째 임대 규제 정책rent control은 중산층을 대상으로 한 정책으로, 임차인의 예측 불가능한 퇴거 요구나 급격한 임대료 인상을 금지하고 있다. 두 번째 임대료 연체 위기 가구 지원 프로그램ERAP은 저소득 노인가구, 아동가구, 장애인가구를 대상으로 연체된 임대료를 보전해주어 강제 퇴거를 방지하는 정책이다. ERAP는 연체된 임대료와 소득 수준을 지속적으로 모니터링함으로써 같은 상황이 반복되지 않도록 유도하는 역할도 하고 있다. 마지막 재정착지원 프로그램FRSP은 거주주택을 잃은 가구가 최대한 빨리 적절한 거처에 입주할 수 있도록 지원하는 프로그램으로, 주거 문제뿐 아니라 고용, 교육, 건강 등 자립생활 유지를 위한 준비를 종합적으로 돕고 있다.

임대시장 관리와 임차인 보호정책 강화가 필요하다는 주장은 우리나라에서도 활발히 이루어지고 있다. 최근 하락세로 전환하였으나 전세가격이 여전히 매우 높은 수준이고, 전월세 전환율 역시 기준금리에 비해 높은 수준을 유지하고 있어 서민 주거비 부담이 크기 때문이다. 특히 100%를 넘어선 주택 보급률과는 상관없이 자가 점유율은 50~60% 수준에서 정체되어 있고, 2017년 월 임대료 비율Rent Income Ratio 평균은 21.8%로 2016년 21.4%에 비해 소폭 증가하였다.

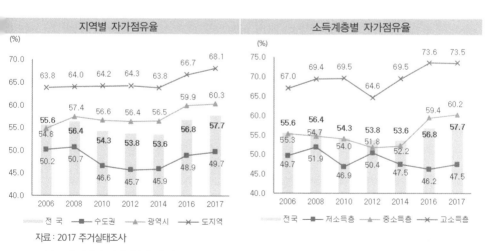

그림 4 우리나라 자가점유율 추이

이에 현 정부에서는 「사회통합형 주거사다리 구축을 위한 주거 복지 로드맵(2017.11.29.)」을 통해, ① 생애 단계별·소득 수준별 맞춤형 주거 지원, ② 무주택 서민·실수요자를 위한 주택 공급 확대, ③ 임대차시장을 통해 임대차시장의 투명성·안전성 강화를 정책 목표로 삼고, 청년층, 신혼부부, 고령층, 저소득·취약가구에 대한 주거 지원 강화를 발표하였다. 미국 내 도시 중에서도 임대가구 비중이 월등하게 높고 임대료 부담이 큰 워싱턴 D.C.의 임대지원 정책은 우리나라 주거복지 정책에도 시사점을 줄 수 있을 것이다.

첫째, 임대료에 대한 제약을 할 경우에는 기준 적용 대상 및 적용 범위를 신중하게 결정할 필요가 있다는 것이다. 국토교통부가 발표한 '제2차 장기 주거종합계획(2013~2022)'에 따르면, 2022년까지 임대기간 및 임대료 인상률 제한을 받는 공적 임대주택과 민간 등록 임대주택 재고를 각각 200만 호씩 확보하여 임차가구의 주거 안정성을 확보하겠다고 밝혔다. 또한 2020년 시장 상황을 감안해 임대주택 등록 의무화 혹은 계약갱신청구권 및 전월세상한제를 도입을 검토할 예정이다.

공공이 아닌 등록 민간 임대주택에도 임대료를 규제하는 것은 임차가구에게 최소한의 주거 안정성을 확보한다는 측면에서 의미가 있다. 다만 임대료 수준(전월세 상한제 도입 시)과 임대료 상승 폭을 제한하고, 임차인이 원하는 경우 임대차 계약을 지속해야 하는 등 임대인에 대한 제약이 커지면서 임대 물량이 축소될 우려가 있다. 세계적으로도 임대료 규제 범위를 축소되는 추세이며, 워싱턴 D.C.의 경우에도 논쟁의 여지가 있으나 1975년 이전에 지어진 주택에만 임대료 규제를 적용하고 있다. 뿐만 아니라, 임대료 상한제 역시 2006년 폐지9되었다. 공공 및 민간 임대시장에 대한 모니터링은 지속하되, ① 정부 지원이 있는 주택 일부에 대해서만 임대료를 제한하거나, ② 이미 시장 가격에 의해 임대차 계약이 이루어진 주택에 대해서만 임대료 상승 폭을 제한하는 방식 또는 ③ 매매가격에 대비한 임대료 수준을 제한(예: 전세가율 관리제)하는 방식 등 적용 범위를 한정하여 도입할 필요가 있다.

둘째, 파산 등 위기상황으로 인해 거처를 잃을 위험에 있는 저소득층이 최대한 현재의 거주상태를 유지할 수 있도록 지원을 집중할 필요가 있다. 현재 주거복지 로드맵상에는 긴급지원 주택 계획을 통해 쉼터와 그룹홈, 임시거처 등을 제공하는 계획이 마련되어 있다. 이와 더불어 당장 몇 달의 연체임대료만 해결된다면 그 이후의 임대료는 지불 가능한 계층을 타깃으로 한다면, 홈리스 양산으로 인한 사회적 비용을 줄일 수 있을 뿐 아니라 주거의 질 또한 월등히 높아질 수 있다. 워싱턴 D.C.의 ERAP는 임대료 연체로 퇴거위기에 있는 저소득층이되, 최대 5개월 치의 연체임대료만 지원해주면 자립이 가능한 계층을 특정하여 지원하고 있다. 이에 지원 상한금액을 넘어서는 연체금액에 대한 처리 계획을 제시하도록 하고, 지원은 연 1회로 제한함과 동시에 사례 관리 서비스

<hr />

9　워싱턴 D.C. 임대료 상한제가 폐지된 이유로는 기준선 설계의 문제를 들 수 있다(Sinha, 2018). 상한제 운영 당시, 시장임대료에 비해 기준선이 더 높은 사례가 많이 발생하였다. 즉, 상한 임대료가 오히려 시장 가격을 급격히 올리는 역효과를 발생시켜 임대시장 불안을 가중시켰다.

case management service를 통해 자립능력을 키우도록 하고 있다.

셋째, 워싱턴 D.C. ERAP와 FRSP 사례에서도 알 수 있듯이, 주거문제는 주거만의 문제가 아니라 고용, 교육, 건강 등 종합적인 접근이 필요한 문제이다. 그동안 우리나라 주거복지 정책은 공적 임대주택 공급, 대출 지원 혹은 주거 급여 등을 통한 주거비 경감에 집중해왔다. 그러나 안정적인 소득을 통한 자립능력이 뒷받침되지 않는다면 주택 공급과 주거비 지원 정책이 목표한 성과를 달성하기 어렵다. 이에 FRSP는 주거비 지원과 동시에 취업 준비와 신용 회복, 교육 등의 지원도 함께 운용하고 있는 것이다. 또한 이를 위해 개별적인 가정의 주거 실태를 점검하고 상담해주는 전문 상담가의 역할이 매우 발달되어 있다. 우리나라 역시 주거문제에 한정된 접근방식에서 벗어나 주거가 불안한 저소득층의 소득 창출과 자립 지원을 목표로 하는 정책이 제시되어야 지속 가능한 주거복지를 달성할 수 있을 것이다.

:: 참고문헌

The Community Partnership for the Prevention of Homelessness. 2013. "Rapid Rehousing Programs in the District of Columbia COC."

Terner Center for Housing Innovation. UC Berkeley. 2018. "Finding Common Ground on Rental Control." A Terner Ceneter Policy Brief.

US Census Bureau. https://www.census.gov/

U.S. Department of Housing and Urban Development (HUD). https://www.hud.gov/

Washinton DC Department of Human Resources. https://dhs.dc.gov/

Washinton DC Department of Housing and Community Deveolopment. https://dhcd.dc.gov/

Washinton DC Fiscal Policy Institute. https://www.dcfpi.org/

Catholic Charities. https://www.catholiccharitiesusa.org/

Housing Counseling Services, Inc. https://www.nfcc.org/our-services/housing-counseling/

Salvation Army. https://www.salvationarmy.org/

The Community Partnership for the Prevention of Homelessness. http://www.community-partnership.org/

GW Urban League. https://www.gwul.org/

The United Planning Organization. https://www.upo.org/

https://www.abodo.com/blog/2017-annual-rent-report/

https://ggwash.org/

https://www.avail.co/education/laws/washington-d-c-landlord-tenant-law

미국 저소득층 주택 세금공제
(Low Income Housing Tax Credit)
프로그램과 저렴주택 공급

미국 저소득층 주택 세금공제(Low Income Housing Tax Credit) 프로그램과 저렴주택 공급

1. 서 론

저소득층 주택 세금공제Low-Income Housing Tax Credit : LIHTC 프로그램은 미국의 저소득 임차가구를 위한 저렴한 주택공급에 크게 기여하고 있다. 미국은 주거복지를 위한 공급자 보조보다는 주거 급여와 같은 공급자 보조에 더 큰 무게가 실리고 있다. 이러한 배경에는 공공임대주택의 슬럼화가 과거 사회의 큰 문제로 부각되었던 점과 공급자 보조 프로그램들이 여러 가지 스캔들에 휩싸여 큰 성공을 이루지 못했다는 이유가 있다. 현재, 공급자를 보조하는 주거복지 정책은 연방정부가 재정으로 집행하는 프로그램이 아닌 국세청이 제공하는 세금공제를 각 주의 기관에 집행하는 LIHTC이 가장 대표적이다.

LIHTC의 규모는 크다. 1987년부터 2006년까지 이 기간 동안에 약 46,500여 개의 개발사업을, 주택 호수로는 약 3백만 호의 저렴한 임대주택을 공급했다U.S. Department of Housing and Urban Development, 2018a. 정부가 LIHTC 발행으로 인해 걷어 들이지 못하는 세금은 연평균 90억 달러에 이른다Keightley, 2018, p.1. LIHTC를 사용하여 건설된 주택은 미국 신규 아파트 건설의 절반을 차지하고, 공공임대주택의 약 두 배의 규모를 가지고 있다Schwartz, 2015, p.135.

우리나라는 미국과 달리 중앙정부가 건설하는 공공임대주택 공급이 저렴한 임대주택 공급의 주된 방법이다. 국가 재정의 한계로 인해서 지자체와 민간의 공공임대건설 참여 확대에 대한 방안은 꾸준히 논의되고 있다. 따라서 민간 개발사업자와 지자체, 비영리단체 등이 협력하여 저렴한 임대주택 개발사업을 수행하고, 국가와 주 정부는 세금공제라는 프로그램을 마련하여 이를 개발사업에 필요한 자금을 유치하는 데 필요한 기반으로 만들어주고 있는 미국의 사례를 통해서 우리에게 필요한 시사점을 얻는 것은 의미 있는 일일 것이다. 이 원고에서는 저소득층 주택 세금공제 프로그램의 개요를 설명하고, 프로그램이 어떻게 저렴한 임대주택 개발사업을 유도하는지를 서술하며, 몇 가지 활용 사례를 간단히 소개하고, 우리가 얻을 수 있는 시사점을 정리하려고 한다.

2. 저소득층 주택 세금공제 프로그램 개요

LIHTC은 1986년 조세개혁법Tax Reform Act에 의해서 도입되었고, 1993년 세입조정법Revenue Reconciliation Act에 의해서 영구적인 연방조세법Internal Revenue Code : IRC의 부분Section 42으로 남게 되었다.

LIHTC 1달러는 연방소득세를 1달러 공제하는 데 사용할 수 있다. 연방정부가 주state의 주택금융기관housing finance agency을 통하여 임대주택 개발사업자에게 LIHTC을 배분하면, 많은 경우 개발사업자는 LIHTC를 사업에 필요한 자본 투자와 교환하여, 사업 자금으로 사용한다. 개발사업자가 직접 LIHTC을 사용할 수도 있으나 대부분의 경우 자본 투자와 교환, 즉 매도하게 된다. LIHTC을 배분받기 위해서는 최소 15년 동안, 임대주택 입주자의 소득과 임대료에 제한을 받기 때문에, LIHTC은 저렴한 임대주택 개발사업에 투자를 유도하는 역할을 하는 것이다.

먼저 미국 국세청Internal Revenue Service : IRS은 LIHTC을 주의 주택금융기관에게 배분한다. 각 주의 주택금융기관은 주의 인구 규모에 따라서 LIHTC을 배분받는다. 해마다 조금씩 차이가 있는데, 2018년에는 각 주의 주택금융기관이 인구 일인당 2.4달러에 해당하는 액수 또는 최저액인 2,765,000달러의 LIHTC을 받을 수 있었다 Keightley, 2018, p.2.

연방정부가 주의 주택금융기관에게 LIHTC을 배분한 후에는 주택금융기관이 개별 임대주택 개발사업자에게 제안서를 접수받고, 선정하여 LIHTC를 배분하게 된다. 각 주의 금융기관은 주의 주거소요를 파악하고, 파악된 소요의 우선순위를 정하며, 이에 근거해서 LIHTC을 배분하게 되는데, 이는 주택금융기관이 매년 수립하는 배분 계획Qualified Allocation Pla n: QAP을 통해서 이루어진다. LIHTC을 부여하는 개발사업 선정에 대한 구체적인 항목은 QAP에 명시된다. IRC는 QAP가 가장 낮은 소득계층을 서비스하는 사

업, 가장 오랜 기간 동안 임대료가 저렴하게 유지되는 사업, 우선
센서스트랙 안에 위치하여 커뮤니티 재생 계획에 기여하는 사업
에게 우선순위를 부여할 것을 요구하고 있다. 또한 IRC는 사업 위
치, 주거 소요 성격, 사업 성격, 사업자 성격, 자녀를 가진 가구, 특
수한 요구가 있는 가구의 규모, 분양 전환 여부, 에너지 효율성, 역
사적 중요성 여부 등을 고려하여 선정 항목을 구성하도록 요구하
고 있다. QAP는 우선순위 부여 외에 특별한 경우를 위한 유보물
량set aside을 확보해놓을 수 있는데, 비영리단체에게 전체 LIHTC
의 10%를 따로 떼어서 배분하는 것을 예로 들 수 있고, 주택금융기
관이 특히 중요하다고 생각되는 개발사업 형태를 위해서 유보물
량을 지정해놓을 수도 있다.

임대주택 개발사업자는 주 주택금융기관으로 LIHTC을 신청하
고, 선정되었을 경우 LIHTC를 배분받게 된다. 배분받은 LIHTC은
임대주택 개발사업이 완공되고, 입주가 시작된 후에 청구될 수 있
다. LIHTC를 배분받기 위해서 임대주택 개발사업은 기본적인 입
주자 소득 요건과 임대료 상한 요건을 만족시켜야 한다.

입주자 소득 요건은 다음과 같다. 최소 20%에 해당하는 숫자의 호
unit는 지역 중위 소득의 50% 이하의 소득을 가진 사람이 입주하고
임대료 규제를 받아야 하거나(20~50test), 최소 40%에 해당하는
숫자의 호는 지역 중위 소득의 60% 이하의 소득을 가진 사람이 입
주하고 임대료 규제를 받아야 한다(40~60test). 20~50test를 기준
으로 선택했다면 임대료 상한액은 지역 중위 소득의 50%에 해당
하는 소득의 30%를 초과할 수 없다. 40~60test를 기준으로 선택했

다면 임대료 상한액은 지역 중위 소득의 60%에 해당하는 소득의 30%를 넘을 수 없다. 이때 독립된 침실을 가지지 않는 호는 1인 가구가 거주하는 것을 가정하고, 독립된 침실이 있는 경우에는 침실당 1.5명이 거주하는 것을 가정하여 임대료 상한액을 결정한다.

개발사업자가 받을 수 있는 LIHTC의 액수는 개발사업의 비용 중 LIHTC 계산에 인정되는 액수qualified basis, 저소득 입주가구의 비율, 개발사업의 위치 등에 의해서 달라진다. 먼저 개발사업 비용 중 토지 매입비, 금융 비용 등을 제외한 적격 비용eligible basis을 계산한다. 인정되는 액수는 앞서 계산한 적격 비용에 전체 개발 호수 중 저소득층이 입주하는 호수의 비율 혹은 전체 개발면적 중 저소득층이 입주하는 주택면적의 비율 중 더 작은 값을 곱하여 산정된다. 다음으로 특정지역에 개발사업이 입지할 경우에는 증가액basis boost을 받게 된다. 개발사업의 위치가 정부가 지정한 '개발 곤란 지역difficult development area' 혹은 '특별 센서스 트랙qualified census tract' 안일 때는 앞에서 계산한 액수의 30%에 해당하는 LIHTC을 더 받을 수 있다. 개발 곤란 지역은 연방 주택도시개발부U.S. Department of Housing and Urban Development : HUD의 장관이 지정한 지역으로, 건축비, 지가, 공공요금 등이 지역 중위 소득에 비해서 비싼 지역을 의미한다. 특별 센서스 트랙 역시 HUD의 장관이 지정하며 최소 50%의 가구가 지역 중위 소득의 60% 미만의 소득을 가지고 있거나, 빈곤율이 최소 25% 이상 되는 센서스 트랙을 말한다. 지정되는 개발 곤란 지역과 특별 센서스 트랙의 인구는 도시권역metropolitan statistical area 전체 인구의 20%를 각각 초과할 수 없다.

:: 미국 저소득층 주택 세금공제(Low Income Housing Tax Credit) 프로그램과 저렴주택 공급

193

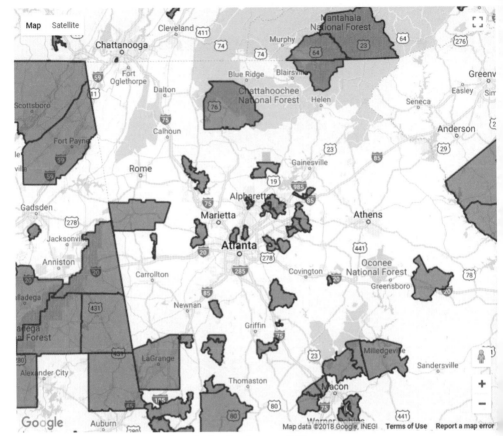

자료 : U.S. Department of Housing and Urban Development, 2018b

그림 1 미국 Atlanta 도시권역 주변의 개발 곤란 지역 지정 현황

개발사업비 중 인정되는 액수가 정해지면 공제액 산정 비율credit
rate을 인정액에 곱하여 최종적으로 LIHTC의 액수가 결정된다. 공
제액 산정 비율에는 두 가지 종류가 있는데 하나는 9% 하나는 4%
공제로 불린다Schwartz, 2015, p.137. 9% 공제는 신축건설이나 대대적
재건축substantial rehabilitation의 경우에 적용 가능하고, 신축건설이
라도 주에서 발행하는 면세채권tax-exempt bond에 의한 지원을 받을
경우나 경미한 재건축의 경우에는 4% 공제의 적용을 받아야 한

다. 9% 세금공제의 경우에는 인정액에 9%를 곱한 액수를 매년 총 10년 동안 받게 되고, 4% 세금공제의 경우에는 4$를 곱한 액수를 역시 매년 총 10년 동안 받게 된다. IRC에는 9% 세금공제라는 용어를 사용하지는 않고, 10년 동안 공제 인정액의 70%의 현재가치를 산출할 세금공제 비율이라는 말을 사용하며, 4% 세금공제의 경우는 10년 동안 공제 인정액의 30%의 현재가치를 산출할 비율이라는 용어를 사용하고 있다. 따라서 정확하게 9%와 4%를 의미하지는 않는다.

예를 들어, 총 100만 달러의 소요되고, 이 중 토지매입비 등을 제외한 적격 비용이 50만 달러이고, 전체 호수 중 80%의 호수가 저소득층 입주용이며, 주의 면세채권에 의한 지원을 받지 않는 신축 개발이, 개발 곤란 지역 내에서 이루어진다고 가정하자. 이 경우에는 50만 달러 × 0.8 × 1.3 × 0.09에 해당하는 46,800 달러의 LIHTC이 10년 동안, 총 468,000 달러의 LIHTC을 제공받을 수 있다.

임대주택 개발사업자는 배분받은 LIHTC를 사업자의 세금을 공제하는 데 사용할 수도 있지만, 보통은 투자자의 자본 투자와 개발 사업자의 LIHTC를 맞바꾸게 된다. 이렇게 끌어들인 자본투자금은 건설 개발 비용을 충당하는 데 사용된다. 보다 정확하게 말하면 개발사업자는 개발사업의 지분을 외부 민간 투자자들에게 판매하는 것으로 투자자들은 LIHTC을 받을 뿐만 아니라 감가상각 적용으로 인한 조세 이익, 사업의 수익, 사업 매각 시의 자본 이득 등을 나누어 받게 된다Schwartz, 2015, p.137.

LIHTC 개발사업은 유한 합자회사limited partnership 형태로 구성되어 투자자들의 재정적 위험을 제한하는 방식으로 이루어진다. 개발사업자는 사업 지분을 투자자에게 직접 팔 수도 있고, 중개인 syndicator을 통해서 팔기도 한다. 직접투자의 경우, 개발사업자는 투자자들에게 지분 소유권을 제공한다. 개발사업자는 0.1%의 지분만을 가지고, 일상적인 관리 책임을 맡는 일반 파트너general partner의 역할을 하고, 투자자들은 99.9%의 지분을 가지나, 관리 책임은 갖지 않는 유한책임 파트너limited partner의 역할을 한다 Office of Comptroller, 2014, p3. 전형적인 직접투자의 법적인 구조는 그림 2와 같이 나타낼 수 있다.

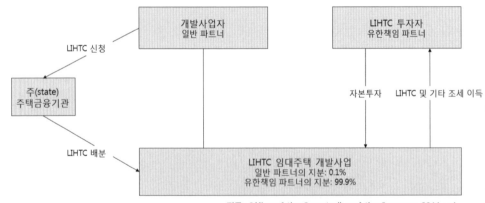

자료 : Office of the Comptroller of the Currency, 2014, p.4

그림 2 LIHTC 임대주택 개발사업의 전형적인 직접투자의 법적 구조

전형적인 투자 펀드 형태 투자의 법적인 구조는 그림 3과 같이 나타낼 수 있다. 중개인은 투자자들을 모집하고, 투자 펀드를 만들어, LIHTC 임대주택 개발사업에 투자한다. 두 가지 종류의 파트너쉽(투자 펀드)이 존재하게 되는데 하나는 중개인과 투자자가 구성하는 파트너쉽이고, 중개인이 일반 파트너의 역할을 하며, 투자자들은 유한책임 파트너의 역할을 한다. 또 하나의 파트너쉽에는 임대주택 개발사업자가 일반 파트너로, 앞서 중개인과 투자자가 만든 투자 펀드가 유한책임 파트너로 참여하게 된다Office of Comptroller, 2014, p4. 중개인이 구성한 투자 펀드는 복수의 개발사업 투자펀드에 투자할 수 있다. 중개인들은 수수료와 거래비용을 가지고, 사업으로 인한 수익은 투자자에게 배분한다. 중개인은 관

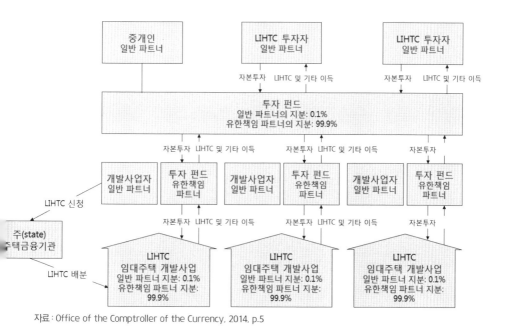

자료 : Office of the Comptroller of the Currency, 2014, p.5

그림 3 LIHTC 임대주택 개발사업의 전형적인 펀드투자의 법적 구조

리의 책임을 가지고 있기 때문에 LIHTC를 청구할 수 있는 자격 요건인 입주자 소득 제한과 임대료 상한 규제 등이 제대로 지켜지는지 감시하는 역할을 하게 된다Schwartz, 2015, p.137.

LIHTC 사업지분 판매로 인해서 유치가 가능한 자본투자금은 지분의 시장 가격과 중개비용 등에 의해서 결정된다. 프로그램 초기에는 1달러의 LIHTC당 0.5달러의 시장 가격을 보였으나 영구적인 프로그램으로 바뀌고 투자자들에게 친숙해지면서 1달러에 근접하게 되었다Schwartz, 2015, p.137.

LIHTC 투자는 개인 투자자보다는 기업 투자자들이 주로 한다. 부동산 개발사업의 감가상각으로 인한 손해를 부동산 관련 소득에게만 적용할 수 있기 때문에 LIHTC 투자에 개인 투자자들은 많지 않다Schwartz, 2015, p.131. LIHTC 투자자들은 은행이나 보험회사와 같은 금융기관들을 포함하고, 특히 Fannie Mae와 Freddie Mac은 2007년 정부의 관리하에 들어갈 때까지 중요한 투자자였다Schwartz, 2015, p.138; Office of the Comptroller of the Currency, 2014, p.23.

세금공제로 인한 이익 외에도 금융기관들이 LIHTC 투자를 하는 또 다른 이유로는 CRACommunity Reinvestment Act법상의 점수를 획득하는 것을 들 수 있다. CRA는 1977년 제정된 법으로 금융기관이 저소득 지역을 포함한 모든 지역community의 대출 수요를 충족시킬 것을 장려하기 위해 만들어진 법이다. 이 법이 제정된 이유에는 금융기관들이 저소득 지역에 대한 대출 동결redlining과 같은 지역 차별의 관행에 대한 문제가 있었다. 금융감독기관들은 금융기관이 CRA법을 준수하는지 감독하는데, CRA 준수에 대한 평가점수는 금융기관들이 합병·매수·지점 개설merge, acquisition, branching 등을 통한 사업 확장과 관련된 허가를 받을 때에 고려사항이기 때문에 중요하게 여겨진다. LIHTC에 대한 자본투자가 저소득층 지역에서 이루어졌을 때 해당 금융기관의 CRA 평가가 향상되기 때문에, LIHTC 투자가 금융기관들에게 선호되는 또 하나의 이유가 된다.

대부분의 LIHTC으로는 개발사업에 필요한 자금의 일부만을 조달할 수 있다. 따라서 LIHTC 이외의 자본 투자, 금융기관의 몰기지mortgage 등의 다른 자금들이 필요할 수밖에 없다. 저소득층을 위한 임대사업의 경우에는 이 외에도 다른 종류의 자금을 기대할 수 있는데, 연방, 주, 지방정부, 민간재단, 혹은 비영리단체가 주는 보조금, 저리의 몰기지, 또 다른 종류의 세금공제 등을 사용할 수도 있다. 또한 이러한 다른 자금들이 더 많이 유입되는 경우에 법적으로 정해진 지역 중위 소득의 60%에게 부담 가능한 임대료를 부과하지 않고, 이 보다 더 낮은 소득계층이 부담 가능한 임대료를 부과하는 임대주택 개발사업을 이루어낼 수도 있다. LIHTC가 도입된 초기에 비해서 최근에는 1달러의 LIHTC으로 유입할 수 있는 자본투자의 양이 늘어났기 때문에 추가적인 보조금의 소요가 많이 줄어들었다Schwartz, 2015, p141.

3. 저소득층 주택 세액감면제도 개발사업 사례

1) 아틀란타(Atlanta)시, 메카닉스빌(Mechanicsville) 사례 (U.S. Department of Housing Urban Development, 2018c)

메카닉스빌 지역은 아틀란타시에서 가장 오래된 지역 중 하나이다. 이 지역은 한때 다양한 인종으로 구성된 노동계층이 살았지만 현재는 쇠퇴한 지역이다. 2016년 아틀란타시 정부는 조지아 Georgia주 정부, 지역의 개발사업자와 협력하여 74개의 주택을 저소득 가구에게 임대해서 지역의 거주 안정성을 높이고자 하는 계

자료 : U.S. Department of Housing Urban Development, 2018c

그림 4 아틀란타시, 메카닉스빌 LIHTC 개발사업

획을 세웠다. 조지아주 주택금융기관은 이 계획을 위해서 LIHTC의 유보물량을 따로 확보해놓았다. 아틀란타시 정부는 두 개의 민간지역 개발사업자들과 협력해서 유보된 LIHTC을 받을 수 있도록 사업 계획을 만들었다. 시정부는 이 과정에서 시 소유의 토지를 제공하고, 토지 매입을 위한 자금을 지원받을 수 있도록 도왔다. 이 사업의 총 19,571,595달러의 사업비용 중 LIHTC 자본투자는 15,199,020달러로 약 77.7%를 차지하고, 이 외에는 금융기관의 몰기지, 연방정부의 보조금, 개발부담금 면제 등이 차지하고 있다. 완공 후 한 달 이내에 입주가 이루어졌고, LIHTC의 저렴주택 의무임대기간인 15년이 지난 후에는 분양전환으로 팔릴 예정이다.

2) 아리조나(Arizona)주, 마리코파 카운티 사례(U.S. Department of Housing Urban Development, 2018d)

파슨스 빌리지 개발사업은 아리조나주 마리코파Maricopa 카운티에서 장기 노숙가족을 목표대상으로 48호의 임대주택을 공급하는 사업이다. 이 지역에서 오랫동안 노숙인을 대상으로 서비스를 제공해온 연합감리교 봉사단체United Methodist Outreach Ministries가 개발사업자를 맡았다. 개발단지 안의 중심에는 커뮤니티 센터가 위치하고 행정과 생활 지원 기능을 제공한다. 생활 지원 기능은 상담, 치료, 회복활동, 복지혜택 접근법, 방과 후 수업, 방학 여가활동, 육아, 이력서 작성법 등 다양하다. 이 사업에는 다양한 자금이 동원되었다. 개발 및 운영에 거의 10,800,000달러의 비용이 소요되었는데, 약 8,700,000달러가 LIHTC 자본투자를 차지했다. 그 외의 자금원으로는 민간재단Bob & Renee Parsons Foundation의 보조금

자료 : U.S. Department of Housing Urban Development, 2018d

그림 5 아리조나주, 마리코파 카운티 LIHTC 개발사업

이 대표적으로 사용되었다. 아리조나주 주택금융기관은 이 사업을 위해서 LIHTC의 유보물량을 따로 확보해놓았다. 이 개발사업 호수의 약 70%는 지역 중위 소득의 30% 이하의 가구를 대상으로 한다. 이를 위해서 피닉스Phoenix시 정부와 연합감리교봉사단체는 주거비용을 보조하여, LIHTC의 법적인 목표대상보다 더 낮은 소득을 가지는 노숙가족이 주거복지 혜택을 받을 수 있도록 했다. 개발사업자인 연합감리교봉사단체는 직접 지원기능을 서비스하고 민간, 재단, 기업 등으로부터의 기부금과 임대수입으로 서비스 비용을 충당한다.

3) 시카고(Chicago)시 사례(U.S. Department of Housing Urban Development, 2018e)

도체스터 예술 · 주거사업Dorchester Art+Housing Collaborative단지는 32호의 타운하우스와 예술센터로 구성되어 있는 시카고시의 예술 중심의 주거 커뮤니티이다. 지역 예술가, 개발사업자, 건축가, 시카고 주택청이 협력해서 버려진 공공임대주택 단지를 재개발했다. 지역 예술가인 Theaster Gates는 버려진 주택단지를 보면서 재개발의 가능성을 보았고, 이를 위해서는 예술과 문화라는 요소가 필요하다고 믿었다. 입주자를 선정할 때 몇 명의 예술가를 모집했고, 예술 프로그램을 커뮤니티에 제공할 것을 요구했다. 커뮤니티 중앙에 위치한 예술센터에서 예술가들은 정기적으로 사진술, 그림, 도예, 요가, 명상 강의 등의 프로그램을 제공한다. 공공임대와 민간임대가 복합된 이 커뮤니티의 총개발사업비는 약 11,800,00달러였는데, LIHTC 자본투자가 $7,308,00으로 약 61.9%를 차지했다. 그 외의 자금원으로는 공공임대주택 재개발 융자금HOPE VI, 금융기관의 몰기지, 보조금 등이 있었다.

자료 : U.S. Department of Housing Urban Development, 2018e

그림 6 시카고시의 LIHTC 개발사업

4. 결론 및 시사점

미국 LIHTC 프로그램은 연방정부, 주정부, 비영리단체를 포함하는 민간 개발사업자가 각기 자기의 역할을 함으로써 저렴한 임대주택을 공급하는 제도이다. 연방정부는 제도를 조세지출tax expenditure을 통해서 자금을 지원할 것을 결정하고, 제도를 마련해주는 역할을 했으며, 주 정부는 주택금융기관을 조직하여 이 프로그램의 집행을 맡아서 수행한다. 개개의 주 정부는 QAP를 작성하고 이에 따라서 개발사업자에게 LIHTC을 배분하기 때문에, 자신의 주에서 필요한 방식의 임대주택 개발을 촉진할 수 있는 역할도 할 수 있다. 임대주택 개발사업자는 LIHTC에 지원하기 위해서 계획을 작성하고, 저렴한 주택을 공급할 수 있도록 여러 가지 자금 마련의 방법을 고안해야 한다. 또한 LIHTC 중개인은 개발사업자와 자본 투자자들을 연결시켜주는 데 도움을 주는 역할을 한다.

개발사업자들은 LIHTC만으로 필요한 자금을 모두 마련하지 못할 경우가 많기 때문에 여러 가지 자금원을 더 끌어들여야 하는데, 연방정부, 주 정부, 저렴한 주택 공급을 목표로 하는 비영리단체 등이 제공하는 보조금, 저리융자 등의 필요가 있다. 따라서 여러 가지 주체들의 활동과 교류가 활성화되어야 저렴한 임대주택 개발사업이 잘 진행될 수 있다.

우리나라에서 민간 부문이 저렴한 임대주택을 공급하는 것을 촉진하기 위해서는 LIHTC의 역할을 할 수 있는, 개발사업자에 대한 지원이 필요할 것이다. 그러한 지원이 세금공제 권리를 발급해주는 것일 수도 있고, 보조금을 지원하는 것일 수도 있고, 혹은 주택

도시기금의 출자 및 저리융자도 될 수 있을 것이다. 현재 주택도시기금의 민간임대주택건설·매입자금 지원 같은 프로그램을 수정·확대하는 방식 또한 고려할 수 있다.

국가, 지자체, 비영리단체, 개발사업자가 협력해서 저렴한 임대주택 사업을 추진하는 시범적인 노력과 네트워크 채널이 필요할 것으로 생각된다. 저렴한 임대주택 지원 제도를 만드는 정부의 기반 조성과 더불어 각 주체가 자신의 역할을 어떻게 감당할 것인지, 어떻게 필요한 다른 주체와 협력할 것인지를 꾸준하게 시도하고 연습해나갈 시범사업이나 초기의 정부 지원 계획 등이 이러한 제도가 발전하고 정착해나가는 데 필요할 것으로 생각된다.

이러한 제도가 민간의 참여를 유도한다고는 하나, 결국에는 정부의 조세 지출을 통해서 이루어지기 때문에 다른 방법의 지원들과의 효율성을 비교하여 민간 참여 유인책을 비교할 필요는 있다. 이러한 종류의 제도를 도입할 때에는 다른 방법과의 비교 분석을 통해서 도입의 필요성을 확인해야 할 것이다.

:: 미국 저소득층 주택 세금공제(Low Income Housing Tax Credit) 프로그램과 저렴주택 공급

:: 참고문헌

Schwartz, A. F. (2015), *Housing policy in the United States*, New York: Routledge.

Keightley, M. P. (2018), An Introduction to the Low-Income Housing Tax Credit, *Congressional Research Service*.

Office of the Comptroller of the Currency (2014), *Low-Income Housing Tax Credit: Affordable Housing Investment Opportunities for Banks*.

U.S. Department of Housing and Urban Development (2018a), Low-Income Housing Tax Credits. 접속일: 2018. 7. 13. (https://www.huduser.gov/portal/datasets/lihtc.html)

U.S. Department of Housing and Urban Development (2018b), *2017 and 2018 Small DDAs and QCTs*. 접속일: 2018. 7. 9. (https://www.huduser.gov/portal/ sadda/sadda_qct.html)

U.S. Department of Housing Urban Development (2018c), *The Mechanicsville Cityside Initiative Provides Scattered-Site Housing for Low-Income Atlanta Residents*. 접속일: 2018. 7. 13. (https://www.huduser.gov/portal/pdredge/pdr-edge-inpractice-031918.html)

U.S. Department of Housing Urban Development (2018d), *Bridging a Gap in Affordable Housing for Families in Phoenix*. 접속일: 2018. 7. 13. (https://www.huduser.gov/portal/pdredge/pdr-edge-inpractice-043018.html)

U.S. Department of Housing Urban Development (2018e), *Chicago, Illinois: Art, Housing, and Revitalization in the Greater Grand Crossing Neighborhood*. 접속일: 2018. 7. 13. (https://www.huduser.gov/portal/casestudies/study-09212016.html)

저자 소개 ────────

권성문 | 사회주택 공급을 위한 핀란드 ARA 시스템과 자가소유주택 공급
을 위한 주택회사 시스템
도시계획학 박사, 주택산업연구원 책임연구원 k2580a@khi.re.kr

권영선 | 워싱턴 D.C. 임대 지원 프로그램과 시사점
도시계획학 박사, 주택산업연구원 책임연구원 yskwon@khi.re.kr

김성훈 | 사회적 교류(Social mix)를 통한 일본 도시 근교 노후 공동주택단
지 재생
동양미래대학교 건축과 조교수 kim10ka1@dongyang.ac.kr

박천규 | 사회취약계층 주거 지원을 위한 영국 피바디 그룹의 역할
경제학박사, 국토연구원 연구위원 cgpark@krihs.re.kr

봉인식 | 프랑스 사회주택(logement social)의 균형적 공급 확대를 위한
주거정책과 도시계획의 연계 제도
도시학 박사, 경기연구원 선임연구위원 pong@gri.re.kr

서종균 | 청년 홈리스 주거 지원을 위한 영국의 포이어(foyer) 모델
도시계획학 박사, 서울도시개발공사(SH공사) 주거복지처장
jongpal@i-sh.co.kr

이윤상 | 미국 저소득층 주택 세금공제(Low Income Housing Tax Credit)
프로그램과 저렴주택 공급
도시 및 지역계획학 박사, 국토연구원 책임연구원
yunsang@krihs.re.kr

전성제 | 영국의 청년층 주거 지원 조직: Unipol
영국 리즈대 박사과정, 국토연구원 책임연구원 sjjeon@krihs.re.kr

주거복지 해외 탐방

초판인쇄 2018년 12월 19일
초판발행 2018년 12월 26일

저　　자 권성문, 권영선, 김성훈, 박천규, 봉인식, 서종균, 이윤상, 전성제
펴 낸 이 김성배
펴 낸 곳 도서출판 씨아이알

책임편집 박영지
디 자 인 김진희, 윤미경
제작책임 김문갑

등록번호 제2-3285호
등 록 일 2001년 3월 19일
주　　소 (04626) 서울특별시 중구 필동로8길 43(예장동 1-151)
전화번호 02-2275-8603(대표)
팩스번호 02-2265-9394
홈페이지 www.circom.co.kr

I S B N 979-11-5610-689-0 93330
정　　가 18,000원